Renate Senn

# Wenn Gott seine
# Pläne entfaltet ...

D1678080

Renate Senn

# Wenn Gott seine Pläne entfaltet ...

## Zusammentreffen mit unerwarteten Folgen

**EDITION** WORTSCHATZ

*Das verwendete Papier ist FSC-zertifiziert. Als unabhängige, gemein-nützige, nichtstaatliche Organisation hat sich der Forest Stewardship Council (FSC) die Förderung des verantwortungsvollen und nach-haltigen Umgangs mit den Wäldern der Welt zum Ziel gesetzt.*

Die Deutsche Bibliothek verzeichnet diese Publikation in der Deutschen Nationalbibliografie; detaillierte bibliografische Daten sind im Internet über www.d-nb.de abrufbar.

*Umschlaggestaltung:* spoon Design, Olaf Johannson
*Umschlagbilder:* Photobank.kiev/Shutterstock.com
*Satz und Herstellung:* Edition Wortschatz

© 2022 Renate Senn

Edition Wortschatz, Sauerbruchstraße 16, 27478 Cuxhaven
ISBN 978-3-943362-81-7, Bestell-Nr. 588 981

www.edition-wortschatz.de

EDITION WORTSCHATZ

*Gewidmet:*
*Peter, Silvan, Adrian und Flavia*

# Inhalt

Zwei Erstgeborene . . . . . . . . . . . . . . . . . . . . . 9

Die Nachkriegszeit der sechziger Jahre . . . . . . . . . . . 13

Veränderungsprozess . . . . . . . . . . . . . . . . . . . 16

Begegnungen . . . . . . . . . . . . . . . . . . . . . . . 22

Gott zu erleben, ist unglaublich spannend . . . . . . . . . 31

Wahre Freunde . . . . . . . . . . . . . . . . . . . . . . 41

Todesfälle . . . . . . . . . . . . . . . . . . . . . . . . 49

Himmelslicht . . . . . . . . . . . . . . . . . . . . . . . 52

Mitarbeiter Gottes . . . . . . . . . . . . . . . . . . . . 59

Tanz auf der Rasierklinge . . . . . . . . . . . . . . . . . 63

Unerwartete Aufträge . . . . . . . . . . . . . . . . . . . 67

Aha-Erlebnis . . . . . . . . . . . . . . . . . . . . . . . 76

Erster Besuch bei Holger . . . . . . . . . . . . . . . . . 81

Opa . . . . . . . . . . . . . . . . . . . . . . . . . . . 87

Es begab sich . . . . . . . . . . . . . . . . . . . . . . . 94

Verliebt, verlobt, verheiratet . . . . . . . . . . . . . . . 97

E-Mail-Kontakt . . . . . . . . . . . . . . . . . . . . . . 103

Einsamkeit und Leere . . . . . . . . . . . . . . . . . . . 111

Endlich Urlaub . . . . . . . . . . . . . . . . . . . . . . 115

Farbenfrohe und dunkle Herbstzeit . . . . . . . . . . . . 123

Achterbahnfahrten des Lebens . . . . . . . . . . . . . . . . 132

Fröhliche Weihnachten . . . . . . . . . . . . . . . . . . . . 142

Weihnachtswunder . . . . . . . . . . . . . . . . . . . . . 144

Ende und Neuanfang von Holgers Geschichte. . . . . . . . .151

Stunde der Wahrheit . . . . . . . . . . . . . . . . . . . . 153

Was verleiht Peter Flügel . . . . . . . . . . . . . . . . . . 157

Danke ● . . . . . . . . . . . . . . . . . . . . . . . . . . . 164

# Zwei Erstgeborene

Schweißgebadet klammerte ich mich an den Haltegriff des schwankenden Fahrzeugs. Die andere Hand legte ich schützend über das heranwachsende Leben in meinem Bauch. Die mit vielen Schlaglöchern übersäte Buschstraße erforderte die volle Konzentration des Fahrers. Ich sehnte mich danach, endlich ans Ziel zu kommen.

Es war sehr spannend, einen Blick aus dem Autofenster zu werfen: Der Dschungel entpuppte sich als großartige Kulisse für das vielfältige Geschehen am Straßenrand. Farbenfroh gekleidete Frauen schleppten Süßkartoffeln und Gemüse von ihren Gärten nach Hause. Etwas weiter vorne stand ein Auto mit Panne schief im Straßengraben. Viele helfende Hände montierten das Reserverad. Hunde rannten kläffend mit uns um die Wette. Spielende Kinder guckten uns neugierig an. Hinter uns hüllte eine rotbraune Staubwolke die bunte Szenerie ein.

Barabundora nennt sich das exotische Fleckchen Erde, das wir ansteuerten. Es liegt mitten im Hochland von PNG (Papua Neu Guinea). Das Klima dort erschien uns sehr erfrischend nach unserem längeren Aufenthalt im tropischen Küstengebiet. Es erinnerte uns an die Sommer in der Schweiz. Das malerische Ferienhaus im Buschhausstil war liebevoll vorbereitet und geschmückt für unseren Aufenthalt. Auf unserer Entdeckungsrunde durch das Haus bestaunten wir die Warmwasseraufbereitungsanlage. Geschickte Handwerker hatten eine schlangenförmige Wasserleitung in der Feuerstelle montiert. Darauf wurde das Feuer entfacht und möglichst lange geschürt, sodass sich die Wassertemperatur in der Leitung erhöhte und man schön warm duschen konnte. Mein Mann und ich freuten uns auf die hoffentlich erholsamen Ferien.

Wie immer schlief ich an einem fremden Ort nicht so gut. Unruhig wälzte ich mich hin und her, während mein Mann friedlich schnarchte. Irgendwie fühlte ich mich nicht so wohl. In der Nierengegend verspürte ich Schmerzen. Oder könnten das Wehen sein? Als der Morgen graute, fror ich. Später heizte Fieber meinen Körper auf. Ins Krankenhaus zu fahren war keine Option, da das auf den schlechten Straßen wegen der Schwangerschaft zu gefährlich gewesen wäre. Eine genaue Diagnose zu stellen, wurde uns dadurch verwehrt.

Unsere Anlaufstelle bei Krankheiten war die hier in PNG lebende Schweizer Krankenschwester. Mit viel Engagement und Herzblut sorgte sie sich um unser leibliches Wohl. Auf allen Missionsstationen deponierte sie Medikamente und erste Hilfe Sachen als eine Art eiserne Reserve. Denn das Gesundheitssystem im Land befand sich in einem eher dürftigen Zustand. Es war viel schlechter, als wir es gewohnt waren, und immer wieder mangelte es an wichtigen Materialien oder Medikamenten.

Da wir uns mitten im Urwald befanden, konnten wir nur per Funk mit der Krankenschwester reden. Eine Diagnose zu stellen, ohne den Patienten zu sehen und ohne irgendwelche sonstigen Hilfsmittel außer dem Fieberthermometer, war eine hohe Kunst! Sie vermutete eine Nierenbeckenentzündung, darum verschrieb sie mir Antibiotika. Doch das Fieber sank nicht. Irgendetwas anderes musste das Fieber mitverursachen. Nur was?

Zu der Zeit arbeiteten wir in Wewak an der Küste von PNG mit einem Missionswerk. Dort herrschte tropisches Klima mit einer Luftfeuchtigkeit von über neunzig Prozent. So ein abrupter Klimawechsel löste bei uns manchmal eine Malariaerkrankung aus. Könnte es sein, dass ich an Malaria und an einer Nierenbeckenentzündung erkrankt war? Die Krankenschwester verschrieb mir zusätzlich noch schwangerschaftstaugliche Malariamedikamente. Und siehe da, nun sank das Fieber endlich. Am Tag bevor wir abreisten, besaß ich wieder die Kraft, nach draußen zu gehen und die vielfältige Blumenpracht zu bewundern. Wir dankten

Gott, dass das alles keine vorzeitigen Wehen ausgelöst hatte. Somit blieb unser Ältester noch ein paar Wochen verborgen.

■ ■ ■

Silvan musste lange in meinem Bauch ausharren. Dreizehn Tage waren seit dem errechneten Geburtstermin schon vergangen. Das Einleiten brachen wir beide Male ab, da seine Herztöne Alarm schlugen. In Absprache mit dem amerikanischen Arzt, der mich dann operierte und unserer Schweizer Krankenschwester und Hebamme entschieden wir am 17. März 2002, dass ein Kaiserschnitt im nahegelegenen Krankenhaus durchgeführt werden sollte.

Damit die Einheimischen sehen können, was mit ihren Lieben während der Operation geschieht, ist ein Fenster eingebaut, durch das sie von außen direkt in den Operationssaal sehen können. Gespannt stand mein Mann mit ein paar einheimischen Zuschauern davor. Nach dem Kaiserschnitt zeigte die Hebamme am Fenster dem stolzen Daddy seinen erstgeborenen Sohn.

■ ■ ■

Die Geburt von unserem Erstgeborenen veranschaulichte mir, wie unterschiedlich sich sein Leben vorher und nachher abspielte.

Vor der Geburt lebte er im Dunkeln, im „Wasser". Die Nabelschnur versorgte ihn bestens mit allem Nötigen.

Nach der Geburt „saß" er plötzlich auf dem Trockenen und befand sich an einem blendend hellen Ort. Die Atmung setzte ein und er musste seine Nahrung nun selbständig aufnehmen.

Die Geburt veränderte sein Leben grundlegend!

Es gibt viele Veränderungsprozesse:

vorher – nachher

vor der Geburt – nach der Geburt

Ich verwirkliche meine Ideen – Gott entfaltet SEINE Pläne

Ich erlebe Gottes Eingreifen selten – Gott erleben ist spannend!

Die Liste besteht aus zwei Seiten und einem kleinen Bindestrich in der Mitte. Die linke Seite beschreibt ein Leben, das seinen eigentlichen Bestimmungszweck noch nicht erreicht hat! Die rechte Seite betont ein Leben in Fülle, voller Spannung und Überraschungen! Zwischen diesen Gegensätzen liegen ganz kurze Striche. Diese übersieht man in Sekundenschnelle, da sie so unscheinbar sind. Und doch beinhalten sie ganz wichtige Ereignisse! Wie zum Beispiel die Geburt. Es ist manchmal schwer zu beschreiben, was genau sich da abspielt. Doch sie sind der Schlüssel, um den wirklichen Bestimmungszweck zu erreichen!

Auch in meinem Leben gab es ein Vorher und Nachher und dazwischen ein „Bindestricherlebnis." Was will ich damit sagen?

Um das herauszufinden, müssen wir von der Geburt Silvans im Kalender etwa vierzig Jahre zurückblättern. Da erblickte ein anderer Erstgeborener, nämlich Holger (Pseudonym), das Licht der Welt. Lassen wir ihn doch selbst erzählen.

# Die Nachkriegszeit der sechziger Jahre

Mein leiblicher Vater wurde als „Kriegsheld" gefeiert. Von anderen würde er als „Kriegsverbrecher" verurteilt werden. In der Nachkriegszeit floh er mit meiner Mutter aus der ehemaligen DDR. Zum Zeitpunkt der Flucht war sie mit mir schwanger. So wurde ich, Holger, in der BRD geboren.

Fünf Monate später war mein Vater unverschuldet in einen Unfall verwickelt, bei dem ein kleines Mädchen ums Leben kam. Weil seine Verletzungen im Militärkrankenhaus behandelt wurden, befürchtete er, dass die Polizei ihn verhaften würde. Also floh er zurück in die DDR. An der Grenze deckte die Grenzwache seine wahre Identität auf. Nach der Verhaftung folgte eine Inhaftierung bei den Russen. Während dieser schwierigen Zeit verwandelte er sich vom Helden zum Verräter. Die Stasi ließ ihn tatsächlich nach sieben Jahren Haft wieder frei, weil er sich als Spitzel von ihnen und der Gefängniswärter verdingt hatte. Das, was er ihnen verriet, riss viele Väter aus ihren Familien …

Meine Mutter musste nun die Rolle als alleinerziehende Mutter einnehmen. Ein schweres Los in dieser Zeit! Wir konnten uns nur das Allernötigste leisten. Deshalb war sie gezwungen, arbeiten zu gehen. Währenddessen passte meine Patentante oder ihr Mann auf mich auf, die mit meinen Eltern zusammen geflohen waren.

Meine Patentante war selbst dem Tod nur knapp entronnen. Sie stand bereits vor dem Erschießungskommando, als ein junger Offizier sie wiedererkannte und dem Kommandeur zurief: „Ich kenne das Mädchen!" Dieser brüllte: „Du da, da rüber!" Sie schrie und wehrte sich, da sie dachte, sie würde als Erste erschossen werden. Aber der Kommandeur hatte dem Offizier befohlen: „Bring sie weg, aber schnell!" Dann krachten die Schüsse und alle andern waren tot!

Später heiratete meine Patentante diesen jungen Offizier. Sie und ihre Töchter wohnten die ganze Zeit im Nachbarhaus. Unsere Freundschaft vertiefte sich immer mehr. Die Patentante und der Onkel sind schon lange tot.

Eine Scharlacherkrankung im Alter von zwei Jahren zwang mich, ins Krankenhaus in Quarantäne zu gehen. Im Anschluss daran erkrankte ich noch an Mundfäule. Somit musste ich ein ganzes Jahr im Spital bleiben. Meine Mutter durfte mich bei ihren Besuchen nur hinter der Glasscheibe beobachten.

Sie erzählte mir, dass ich mich beim Austritt krampfhaft an die für mich verantwortliche Kinderkrankenschwester klammerte, weinte und immer wieder Mama schrie. Die Krankenschwester war jetzt meine Mama – die andere kannte ich nicht mehr.

Über uns wohnte eine alte Dame. Sie wusste um unsere Not und Armut. Täglich ließ sie in einem kleinen Körbchen am Seil ein Stück Obst herunter. Ich freute mich jeden Tag darauf, wie auf ein Geburtstagsgeschenk. Irgendwann kam der helle und leise Ruf meines Namens, und ein Körbchen senkte sich herab. Mal erschien eine Banane, mal eine Apfelsine, ein paar Trauben oder ein Apfel. In diesem Moment fühlte ich mich glücklich. Meine Mutter weinte dann ab und zu …

Noch heute schätze ich es sehr, wenn sich ein gefüllter Obstkorb in meinem Wohnzimmer befindet. Das lässt Zufriedenheit und Glück in mir aufsteigen. Es gibt mir das Gefühl, dass es mir doch gar nicht so schlecht geht.

In meinem fünften Lebensjahr lernte meine Mutter meinen Stiefvater kennen. Später heirateten sie und er nahm mich an Kindesstatt an. Ihn betrachtete ich mein Leben lang als Papa. Er war mein Vater. Der andere war mein Erzeuger. Zu ihm besteht kein Kontakt mehr.

Mein Stiefvater liebte mich nicht so wie meine Schwestern. Sie galten ja als seine leiblichen Kinder, ich dagegen war der Adoptivsohn. Er kuschelte immer mit ihnen, nie mit mir. Ich durfte nur zu Mama gehen, was ich irgendwann auch nur noch wollte.

Erst mit siebzehn Jahren erfuhr ich, dass er nicht mein leiblicher Vater ist. Denn ohne Absicht brach ich ihm im Streit zwei Rippen. Nach diesem Vorfall gab es eine Aussprache mit meiner Patentante und meiner Mutter. Sie erzählten mir dann Verschiedenes aus meiner Kindheit. Das brachte mir erste Erkenntnisse und erklärte mir ein wenig, warum ich mich in unserer Familie so ungeliebt und allein fühlte.

Von klein auf war ich auf der Suche nach Liebe, nach einem warmherzigen Gegenüber, nach Gott. Irgendwann, dachte ich, würde der liebe Gott schon auf mich blicken und erkennen, was für ein braver Junge ich sei.

Im Konfirmationsunterricht beim Pfarrer versuchte ich auch, Hilfe im Glauben zu erhalten. Ich hoffte, dass er einige meiner Fragen beantworten könnte. Einmal sagte er in einer Unterrichtsstunde: „Liebe deinen Nächsten wie dich selbst!" Sofort stieg in mir die Frage auf, was denn sei, wenn ich mich selbst gar nicht liebe, so wie ich bin? Da mich das brennend interessierte, wagte ich es, dem Pfarrer diese Frage zu stellen. Seine unüberlegte Antwort war: „Geh´ zum Psychiater." Die ganze Gruppe lachte darüber, ich nicht. Das verletzte mich tief.

In der Schule wurde ich gemobbt. Oft, lange Zeit. Auch mit körperlicher Gewalt. Bis ich mich als Jugendlicher zu wehren lernte. Verschiedene Kampfsportarten wie Judo, Karate und Kickboxen probierte ich aus. Ich war nie besonders gut, aber „für die Straße" reichte es. Endlich derjenige zu sein, vor dem die anderen Angst hatten, war ein unglaubliches Gefühl. Mir gefiel das immer besser. Ich liebte es, wenn mein Name geflüstert wurde oder wenn es ruhig wurde in der Kneipe, wenn ich den Raum betrat. Irgendwann da, irgendwo dort, verließ ich den „Pfad der Tugend" und verlor mich selbst. Gewalt war ein mächtiges Mittel, das mich völlig in seinen Bann gezogen hatte. Mit achtzehn Jahren ging ich zum Militär, da ich keine Ahnung hatte, was ich mit meinem Leben anfangen sollte.

# Veränderungsprozess

Gott wählte in seiner Souveränität mich, Renate, die Mutter von Silvan aus, um Holger ein Stück auf seinem schwierigen Lebensweg zu begleiten. Doch es vergingen noch viele Jahre, bevor wir beide in einem Internetspiel aufeinandertrafen. Mein Mann, ich und die Kinder kehrten Ende 2003 aus gesundheitlichen Gründen wieder in die Schweiz zurück. Silvan war nicht mehr das einzige Kind, da Adrian und Flavia (2008) die Familie bereicherten. Irgendwie plätscherte das Leben so gemütlich dahin und wir begnügten uns mit der momentanen Gottesbeziehung. Wir erlebten Gottes Eingreifen und sein Wirken eher selten. Wir lebten unsere Gottesbeziehung im „Vorher" Status.

*Wir waren uns gar nicht bewusst,*
*dass bei Gott MEHR zu haben wäre,*
*dass Gott-erleben viel spannender sein könnte...*

April 2010

Hier wurde ein Meilenstein in meinem Leben gelegt, der einen langjährigen Veränderungsprozess auslöste. Dadurch lernte ich:

*Unmögliches vom Gott der Bibel zu erwarten,*
*ihm fest zu vertrauen*
*und von seiner Allmacht überzeugt zu sein!*

In unserer lokalen Gemeinde in der Schweiz existierte eine Frauengruppe, die sich monatlich traf. Sie trug den passenden Namen: Oase.

Die gemeinsame Zeit nutzten wir, um Neues in der Bibel zu entdecken, gemeinsam für persönliche Gebetsanliegen zu beten und einander zu ermutigen. Da immer eine andere Person die

Treffen leitete, gab es viel Abwechslung. Viele gute und zum Denken anregende Ideen wurden umgesetzt.

Einmal erhielten wir den Auftrag, einen Wunsch für unser Leben zu formulieren. Auf meinen Zettel schrieb ich:

*Hunderten von Menschen*
*möchte ich ein Wegweiser*
*zu Jesus sein.*

■ ■ ■

Später benutzten wir in der Oase ein lehrreiches Buch als Grundlage für unsere Treffen. Die Autorin ermutigte uns darin, ein „*Übergabegebet*" zu sprechen. Das bedeutet: dass ich im Gebet alles, was ich HABE und BIN, Gott anvertraue und mich ihm ganz zur Verfügung stelle. Ehrlich gesagt, empfand ich große Angst davor, dieses Gebet zu beten. Da ich Gott noch nicht so gut kannte, erwartete ich, dass nachher viele negative Erlebnisse folgen würde, die mein Leben völlig auf den Kopf stellen würden.

Schlussendlich rang ich mich durch, das Gebet trotz aller Ängste zu beten… und es fielen Feuer und Schwefel vom Himmel. Nein, erst einmal passierte nichts. Der Alltag als Mami von drei Kleinkindern forderte und beschäftigte mich weiterhin.

Wenn es die Zeit erlaubte, unternahmen die Kinder und ich gemeinsame Ausflüge. Der Besuch im Tierpark galt immer als Höhepunkt. Die lustig herumturnenden Affen, die anmutig schwimmenden Robben, die imposanten Elche und der träge herumliegende und doch gefährliche Leopard fesselten die Blicke der Kinder.

Doch gerade dort nahm ein Unheil seinen Anfang, das mich mein Leben lang begleiten sollte. Ein winzig kleiner Abstecher ins Gebüsch des Waldes reichte, dass ich am Abend beim Umziehen eine Zecke entdeckte. Da ich früher oft im Wald weilte und viele Zecken mit nach Hause geschleppt hatte, beunruhigte mich das nicht. Meine Aufmerksamkeit wurde erst geweckt, als plötzlich

Gliederschmerzen auftraten und sich eine bleierne Müdigkeit anbahnte. Aufgrund der Symptome ging ich zum Arzt. Folgerichtig machte er einen Borreliose Test.

Am 17.8.2010, vier Monate nach meinem Übergabegebet, entdeckte das Labor in meinem Blut Borreliose Bakterien. Der Hausarzt verschrieb mir Antibiotika und zeigte sich guter Zuversicht, dass nachher alles wieder in Ordnung kommen werde. Doch dies entpuppte sich als ein Trugschluss. Als die Gliederschmerzen und Müdigkeit ein paar Tage nach Ende der Kur wieder auftauchten, belehrten meine Symptome den Arzt eines Besseren. Da er zu wenig Erfahrung in der Behandlung von Borreliose besaß, nahm er Kontakt zu einer Borreliose Spezialistin auf.

Die nächsten vier Jahr war sie meine Ansprechperson. Ihr Therapiekonzept war Folgendes: vier bis sechs Wochen Antibiotika schlucken und dann abwarten, ob die Symptome wieder auftauchen. In der Antibiotika-freien Zeit vermehrten sich die Bakterien stark. Wenn die Symptome unerträglich wurden, organisierte ich wieder einen Termin für eine Besprechung und erhielt erneut eine Behandlung. Das ergab einen immerwährenden sinnlosen Kreislauf, vier Jahre lang.

In diesen herausfordernden Jahren begleitete mich eine bleierne Müdigkeit, sodass ich kaum die Kraft besaß, den Haushalt zu meistern. Da mein Immunsystem nur wenig Abwehrkräfte mobilisieren konnte, erwischte mich jede Grippe, die in der Schule im Umlauf war. Die Gelenkschmerzen gingen auf „Wanderschaft" im ganzen Körper. Mal schmerzte das Knie, dann die Finger oder die Rippen.

Für uns als Familie war das eine sehr schwierige Zeit. Denn nicht nur ich beklagte gesundheitliche Probleme, sondern auch Peter. Mal erkrankte er an Gürtelrose, ein paar Monate später an einer atypischen Lungenentzündung. Zu guter Letzt bekam er Depressionen, sodass er Medikamente einnehmen musste. Die Kinder litten unter diesen schwierigen Umständen. Eigentlich wäre es nötig gewesen, Hilfe von außen zu holen, doch wir realisierten gar nicht, wie belastend die ganze Situation für uns alle war.

*Unsere einzige Hilfe in diesen Jahren war Gott!*

Da mich viele Fragen bezüglich Borreliose beschäftigten, informierte ich mich im Internet darüber. Mitte 2014, nach vier Jahren erfolgloser Behandlung, wechselte ich zu einem Arzt, der Borreliose nach den Richtlinien behandelte, die Deutschland, England und Amerika anwenden. Dieser Arzt fand heraus, dass ich noch an zwei anderen von Zecken übertragenen Krankheiten litt. Plus chronischem Typhus, einem Überbleibsel von unserem Einsatz in PNG. Wahrlich ein herausforderndes „Paket" zum Therapieren.

Es folgte eine Antibiotikakur mit immer wieder wechselnden Präparaten, die ohne Unterbruch ein Jahr lang dauerte. Im zweiten Halbjahr schluckte ich drei verschiedene Antibiotika zusammen. Gott sei Dank besiegte diese Therapie den chronischen Typhus und die zwei anderen Krankheiten.

Doch die Gliederschmerzen meldeten sich wieder. Die Borreliose gab sich noch nicht geschlagen. Darum nahm ich nachher noch zwei Jahre lang eine sehr gute Kombination von pflanzlichen Wirkstoffen wie Artemisia und anderen ein. Zusätzlich enthielten sie viele Vitamine, Mineralstoffe und Spurenelemente, die meinen Körper nach dieser krassen Therapie wieder ins Gleichgewicht brachten.

Was bewirkte diese langandauernde Krankheitszeit (sieben Jahre) in meinem Leben? Sie war der Auslöser meines „Bindestricherlebnisses". Später überschritt ich die Schwelle zum „Nachher". Das veränderte meine Beziehung zu Gott folgendermaßen:

*Mein Glaube wuchs und meine*
*Beziehung zu Gott vertiefte sich.*

## Wie passierte das?

Frühling 2011

Da ich mich im ersten Jahr meiner Krankheitszeit absolut hilflos fühlte und meine bisherigen Lösungsansätze vollkommen versagten, musste ich kapitulieren vor Gott. Es war sehr demütigend für mich, als ich realisierte, dass ich ohne Gottes Hilfe NICHTS tun kann. Das war der größte Tiefpunkt meines Lebens.

Mein ICH, mein Selbstbestimmungsrecht, meine Gesundheit und vieles mehr lagen wie ein Scherbenhaufen zu meinen Füßen. Wie sollte es nun weitergehen? Die ganze ausweglose Situation in Gottes Hände zu legen, erschien mir die einzige brauchbare Lösung. Im Gebet bekannte ich Gott, dass ich selbst mein Leben nicht im Griff habe und dass ich unbedingt seine Hilfe benötige. Diese Kapitulation und die Anerkennung von Gott als meinen Herrn war für mich ein genialer Neuanfang. Aus meinem unansehnlichen Scherbenhaufen schuf Gott etwas Wunderbares.

Was dann geschah, ist nur schwer zu beschreiben … drei bis vier Wochen lang weilte die Gegenwart Gottes spürbar bei mir. Die widrigen Umstände beschwerten zwar immer noch unser Leben, doch ich fühlte mich getragen. Tiefer Friede vom in mir wohnenden Gott hüllte mich ein. Seine unendliche Liebe erfüllte mich bis in den hintersten Winkel meines Seins.

Unerschütterliches Vertrauen in den allmächtigen Gott keimte auf.

Bibellesen und Beten galten nun nicht mehr als Pflicht, sondern waren mir ein Bedürfnis. Die neue Beziehung mit Gott zu pflegen, bekam oberste Priorität. Dadurch gab es plötzlich eine „Kräfteverschiebung" in unserer Beziehung. Nicht mehr ich fungierte als Chef meines Lebens, sondern Gott. Das wird ganz treffend in dem Bibelvers in Johannes 3.30 beschrieben, den meine Eltern zu ihrer Verlobung erhielten:

*Christus soll immer wichtiger werden,*
*und ich will immer mehr in den Hintergrund treten.*

Wie ein Ballon, dem langsam die Luft ausgeht, wurde mein ICH (Egoismus, Selbstbestimmungsrecht) immer kleiner. Der frei werdende Raum wurde mit Gottes Gegenwart erfüllt. Er konnte sich in dieser neuen „Wohnung" ausbreiten. Erstaunlicherweise wirkte sich das auf mein Sein und Tun aus. Meine Mitmenschen bemerkten plötzlich „göttliche" Eigenschaften an mir. Liebe, Freude, Friede, Freundlichkeit, Geduld und vieles mehr fingen an zu sprießen. Zu Beginn waren es zarte Pflänzchen. Mit der richtigen Pflege wuchsen sie und nahmen immer mehr Raum ein.

Obschon ich nun eine engere Beziehung mit Gott pflegte, erlosch die Krankheit nicht einfach automatisch. Ich schwebte nicht für den Rest meines Lebens auf Wolke sieben.

- Müdigkeit, sodass ich manchmal schier vom
  Bürostuhl gefallen bin
- Langsamkeit im Denken, sodass ich Mühe hatte,
  Sätze zu formulieren, und manchmal wichtige
  Termine der Kinder verpasste.
- Gliederschmerzen
- Achterbahnfahrten im psychischen Bereich

und vieles Schwierige mehr, begleiteten mich in den folgenden sechs Jahren. Erstaunlicherweise stellten meine Schwäche, Hilflosigkeit und der ganze damit verbundene Stress für Gott absolut kein Problem dar. Denn ich lebte nun abhängig von IHM. Dieser Abschnitt hier war mein „Bindestrich"-Erlebnis.

Was bewirkte diese Abhängigkeit von Gott? Es war der Anfang von vielen spannenden Erlebnissen mit Gott.

# Begegnungen

Ein unbekannter Mann läutete überraschenderweise an unserer Haustür. Sein silberner Schneidezahn stach mir sofort ins Auge. Auf Englisch stellte er sich vor als unser Nachbar und fragte mich, ob er Werkzeug ausleihen könnte. Selbstverständlich überreichte ich ihm das Gewünschte gerne und plauderte noch ein wenig mit ihm. Dabei erwähnte er, aus welchem Land er stammt. Als ich den Namen seines Heimatlandes hörte, war mir bewusst, dass die Christen dort sehr stark verfolgt werden.

Regelmäßig beteten wir für ihn. Zusätzlich bestellten wir christliche, englische Literatur. Mit einem erklärenden Brief legten wir die eingetroffene Literatur in seinen Briefkasten, denn es war schwierig, ihn zu treffen. Gespannt warteten wir auf seine Reaktion. Geschlagene zwei Monate hörten wir nichts. Wir wechselten höchstens mal einen kurzen Gruß im Vorbeigehen...

Unerwartet tauchte er an unserem Balkon auf und überreichte uns ein Brot und zwei Souvenirs aus seinem Heimatland. Er ließ sich das alles von seiner Familie per Paket schicken. Bei dieser Gelegenheit übergaben wir ihm noch ein Neues Testament in seiner Landessprache, das wir in der Zwischenzeit bestellt hatten.

Später luden wir ihn zum Abendessen ein. Da berichtete er uns, wie er sich gefühlt hatte, als er die christliche Literatur im Briefkasten in Empfang nehmen musste. Das löste in ihm eine Schockreaktion aus, denn in seinem Heimatland wurde der Besitz von christlicher Literatur hart bestraft. Es fühlte sich für ihn an, als ob ich eine scharfe Bombe in seinen Briefkasten gelegt hätte. Er schaute sich um, ob niemand etwas sah. Verstohlen brachte er diese „explosive Fracht" in seine Wohnung. Was sollte er nur damit anfangen? Tage später begutachtete er das Paket noch mal und entdeckte den beigelegten Brief. Da wurde ihm bewusst, dass hier in der Schweiz andere Gesetze gelten als in seinem Heimatland. Dass wir hier in der Schweiz das Vorrecht genießen, in Glaubensfreiheit zu leben.

Das Neue Testament in seiner Landessprache las er vollständig durch. Dann ging diese wertvolle Schrift auf Wanderschaft. Keine Ahnung, wo sie sich im Moment befindet. Doch meine Gebete begleiten sie weiterhin...

■ ■ ■

Es gäbe noch vieles zu berichten von Begegnungen mit Mitmenschen, die Gott mir während meiner langen Krankheitszeit über den Weg schickte. Doch das würde den Rahmen dieses Buches sprengen. Ganz kurz noch ein paar Beispiele:

- der Mann mit der Pfeife, der sein Enkelkind im
  Kindergarten abholte
- die tamilische Witwe, die mir bei Besuchen
  tamilische Leckereien anbot
- eine ältere Frau, der ich beim Spazieren immer
  wieder begegnete
- die äthiopische alleinerziehende Mutter, die uns als
  ihre Familie bezeichnet
- der alte Italiener, der sehr gut über Tierkreis-
  zeichen Bescheid wusste
- eine afghanische Familie, deren Tochter mit Silvan
  in den Kindergarten ging
- zwei kurdische Familien, mit denen ich längere
  Zeit Kontakt pflegte

Was ich während dieser Zeit erlebte, bringt Urs Stingelin in einer Predigt mit folgendem Satz auf den Punkt:

*Wenn wir auf Gott zugehen und auf seine Wünsche hören, kommen wir dadurch unseren Nächsten näher!*

■ ■ ■

Wenn Gott SEINE Pläne entfaltet, geht er Schritt für Schritt mit uns vorwärts. Alles geschieht genau zum richtigen Zeitpunkt! Der nächste Punkt in Gottes Plan für mich beinhaltete Zuhören und Vorbereitung:

Einmal durfte ich die Oase vorbereiten und leiten. Das Thema „Geld und Zufriedenheit" war an der Reihe. Ein wertvolles Buch half bei der Vorbereitung. Dort hieß es: Hütet euch vor aller Habsucht, das bedeutet, dass man nie zufrieden ist und immer alles haben möchte. Dann wurde die Frage aufgeworfen: Was ruft bei den Menschen Glück und Zufriedenheit hervor?

Meine prompte Antwort war: *Gesundheit.*

Aber hängt es wirklich von meiner Gesundheit ab, ob ich glücklich und zufrieden bin?

*Diesen Wunsch nach Gesundheit loszulassen und zu sagen: Herr, DEIN Wille geschehe, forderte mich sehr heraus. In diesem Prozess musste ich eine tief in mir verborgene Trauer verarbeiten.*

Gehen wir noch einmal zurück

■ ■ ■

Erstes Halbjahr 2015:

Nun befand ich mich in der zweiten Hälfte der einjährigen Antibiotikakur. Drei hochdosierte Antibiotika entfalteten ihre Wirkung in meinem Körper. Da fehlte mir die Kraft völlig, um die vielen Kontakte mit meinen Mitmenschen weiterhin zu pflegen. Zudem benötigte ich viel Ruhe und Erholung. Doch mit der Zeit langweilte ich mich. Es war mir ein Anliegen, meine Zeit sinnvoll zu nutzen.

Darum registrierte ich mich bei einem Internetspiel, das unsere Jungs auch spielten. Nie hätte ich gedacht, dass ich mal ein Internetspiel spielen würde. Ich stufte das immer als enormen Zeitfresser ein.

Doch in dieser Situation erschien es mir als eine großartige Möglichkeit, um mit der Außenwelt in Kontakt zu treten. Jüngere und ältere Menschen aus dem ganzen deutschsprachigen Raum spielten und „plauderten" dort miteinander. Viele von ihnen hätte ich ohne das Spiel nie kennengelernt.

*Durch dieses Internetspiel wurde eine Entwicklung in Gang gesetzt, die meine kühnsten Träume übertraf.*

Denn durch dieses Spiel setzte Gott seine Pläne für mich um. Er plante alles sehr sorgfältig, sodass er mich nicht überforderte aber dennoch herausforderte. Denn er wollte meinen Glauben und mein Vertrauen in ihn stärken.

Im Internetspiel konnte ich mich einer Großgruppe anschließen. Innerhalb dieser Gruppe unterstützten wir einander und teilten Freuden und Leiden. Da das, was in meinem Herzen war, einfach übersprudelte, realisierten die Mitspieler bald, dass ich Christ bin. Denn ich besaß das Vorrecht, ihnen zum Geburtstag Gottes Segen wünschen zu können. So lernte ich *Tobias* (Pseudonym) näher kennen:

Zum Geburtstag wünschte ich ihm, dass der Gott der Bibel ihn segnen möge. Das löste eine längere Konversation aus. Wir führten sehr intensive „Gespräche" miteinander über den Glauben an Gott. Viele schwierige Fragen wurden mir gestellt, wie:

- Warum lässt Gott all das Leid auf der Erde zu?
- Warum werden sogar Christen verfolgt und
  getötet?

Gott ließ mich nie im Stich und beehrte mich mit seiner Gegenwart. Denn oft konnte ich kaum meine Gedanken gescheit formulieren und auf Papier bringen. Das Sitzen auf dem Bürostuhl war sehr anstrengend, da ich immer noch die drei Antibiotika schluckte.

Um Antworten zu suchen auf diese herausfordernden Fragen, beschäftigte ich mich intensiv mit der Bibel. Gott zeigte mir, dass alles, was den Christen begegnet, auch ihm selbst begegnet, denn er wohnt in uns. Das war der Schlüssel zur Beantwortung der zweiten Frage. Meine Antworten lösten bei Tobias oft weitere Fragen aus.

Im Verlauf der Konversation kam es ein paar Mal vor, dass ich unbewusst Dinge ansprach in seinem Leben, von denen ich nichts wissen konnte. Das gab Tobias sehr zu denken.

Zum Schluss eröffnete er mir, dass er wieder über den Glauben an Gott nachdenken wolle. Denn einige Jahre zuvor zählte er sich zum Mitglied einer Freikirche. Doch irgendwann und irgendwie hatte er sich von Gott entfernt und ihn aus seinem Leben ausgeblendet.

Nach dieser ermutigenden Botschaft meldete sich Tobias drei bis vier Monate lang nicht mehr. Er war auch nicht mehr im Spiel anzutreffen.

Wie ein Blitzschlag aus heiterem Himmel kam dann die erfreuliche Nachricht von Tobias, dass er sein Leben neu Jesus anvertraut habe und dass er wieder zurück in seine frühere Freikirche gehen werde.

■ ■ ■

Dieses positive Erlebnis gab mir Ansporn, meine Kontakte im Spiel gut zu pflegen. Manche Kontakte brachen entweder sofort wieder ab oder entpuppten sich als Sackgassen. Andere hinterließen eine dauerhafte Prägung in meinem Leben. *Reto* (Pseudonym) war eine von diesen Personen.

Ihn kennen wir nun schon seit einigen Jahren. Ab und zu „plauderten" wir zusammen im Spiel. Das eine Wort ergab das andere. Wir lernten einander immer besser kennen. Als er uns enthüllte, dass er auch in der Schweiz wohnt, wollten wir ihn gerne treffen. Es ist immer sehr spannend, mit jemandem im echten Leben Kontakt aufzunehmen, wenn man keine Ahnung hat, wer hinter dem Spielernamen steckt.

An einem schönen frühlingshaften Sonntag reisten wir als ganze Familie in die Innerschweiz, um Reto zu treffen. Wir staunten nicht schlecht bei der ersten Begegnung. Denn er sah aus wie ein Pirat. Über dem einen Auge prangte eine Augenklappe. Er benötigte sie, weil er mit einem Auge doppelt sah. Sich einer Operation zu unterziehen, erschien ihm zu riskant. Wegen Krebs entfernten die Ärzte Teile des Kiefers, darum offenbarte die untere Gesichtshälfte Deformationen.

Unsere Kinder freuten sich sehr über die Osterhasen, die er ihnen überreichte.

Im nahen Restaurant genossen wir das Mittagessen und spazierten nachher noch gemütlich am See entlang. Dabei plauderte ich angeregt mit Reto, und Peter schaute, dass es den Kindern nicht langweilig wurde.

Wir lernten ihn als feinfühligen und gutherzigen Menschen kennen und schätzen. Er litt sehr unter seiner schwierigen Situation.

Seither beten wir für Reto. Doch seine Situation verbesserte sich nicht dadurch. Die nächsten Operationen schlugen alle fehl. Nach einer Operation besuchten wir ihn noch im Universitätsspital in Basel. Den Ärzten war es gelungen, den Kiefer wieder zu rekonstruieren. Doch eine Infektion durchkreuzte leider alle Bemühungen und Hoffnungen der Ärzte und sie mussten alles wieder in den vorherigen Zustand zurückversetzen. Dadurch verschlimmerte sich seine Situation.

Reto konnte nicht mehr selbst essen und trinken, sondern musste mit einer Magensonde ernährt werden. Seine lang gehegten Hoffnungen, dass er endlich wieder „normal" aussehen würde, lösten sich auf wie Nebel an der Sonne. Das war ein herber

Rückschlag für ihn und in der Folgezeit ging es ihm psychisch schlecht.

Später fing Reto eine Beziehung mit einer Frau aus den Philippinen an. Er wohnte immer nur für kurze Zeit in der Schweiz und den Rest der Zeit, besonders während des Winters, weilte er auf den warmen Philippinen bei seiner Liebsten. Diese Beziehung rettete ihm sehr wahrscheinlich das Leben. Denn diese Frau gab ihm Halt und Kraft, das alles zu verarbeiten.

Seit dem Start der weltweiten Pandemie ist Reto von seiner Liebsten getrennt. Er hofft, dass sich die Grenzen bald wieder öffnen und er wieder zu ihr zurückfliegen kann.

Indem wir Reto ein Stück von seinem Lebensweg begleiteten, wurde uns wieder neu bewusst, dass:

*Gottes Antwort auf unsere Gebete nicht immer so ist,*
*wie wir sie uns vorstellen oder wünschen.*

■ ■ ■

Die Reaktion unserer Mitmenschen auf unsere Kommunikation ist auch nicht immer so, wie wir es uns vorstellen oder wünschen...

*Markus* (Pseudonym) war einer von vielen, denen ich nach einer schwierigen Situation schrieb, dass ich für ihn beten werde. Normalerweise bedanken sich die Betroffenen dafür. Doch von ihm kam eine geballte Ladung an Beschimpfungen und Beleidigungen zurück. Ich probierte noch zwei Mal eine sinnvolle Konversation auf die Beine zu stellen, doch seine Rückmeldungen wurden immer beleidigender. Sie belasteten mich so sehr, dass ich mich entschloss, vorläufig nicht mehr zu antworten. Schreiben war sinnlos. Darum entschied ich mich, intensiv für Markus zu beten.

Viele Wochen vergingen und dann erreichte mich eine Nachricht, die mir den Atem stocken ließ. Sie lautete: *Wenn du nichts mehr von mir hörst, habe ich mir das Leben genommen!* Sie wurde sehr spät in der Nacht aufgesetzt und abgeschickt. Zu einer Zeit, in der ich mich schon längst im Land der Träume befand. Auf der einen Seite fühlte ich mich wie auf Nadeln die nächsten Tage, auf der anderen Seite wusste ich ganz sicher, dass Gott treu ist. Gespannt und besorgt wartete ich, ob er im Spiel wieder auftauchen würde.

Gott hatte auf ihn aufgepasst! Er spielte wieder, doch er meldete sich nicht bei mir. Warum hatte Markus gerade mir offenbart, dass er sich das Leben nehmen will? Zeigte er hiermit doch Vertrauen?

Wieder verging viel Zeit. Dann konnten wir plötzlich ganz normal miteinander kommunizieren. Vertrauensvoll erzählte er mir einiges aus seinem Leben. Zudem machte Markus mich noch mit seinem Bruder bekannt, der dieses Spiel auch spielte. Der Bruder teilte mir mit, dass das schon der dritte Selbstmordversuch von Markus gewesen sei. Er wollte gegen einen Baum fahren mit dem Auto. Doch der Gedanke an seine Kinder stoppte ihn, bevor es zu spät war.

Bei unserer letzten Kontaktaufnahme teilten die beiden Brüder mir mit, dass Markus schwer krank sei. Da er eine kräftezehrende Therapie erhalten sollte, pausierte er im Spiel. Seither besteht kein Kontakt mehr.

Das „Unterwegs sein" mit Markus kostete mich einige schlaflose Nächte. Während dieser Begleitung lernte ich, Geduld zu üben und nicht so schnell aufzugeben. Die Macht des Gebets beeindruckte mich und erweckte in mir einen unstillbaren Hunger, das noch öfter zu erleben.

Es gäbe noch vieles zu erzählen von Menschen, die ich im Game getroffen habe. Einiges vergaß ich leider wegen der Borreliose. Doch diese drei Geschichten sind ein „Querschnitt" der vielseitigen Begegnungen, die sich ergaben. Alle diese größeren oder kleineren Episoden bereiteten mich auf einen sehr schwierigen Auftrag vor, den ich ganz am Anfang des Buches schon

„eingeläutet" habe. Nämlich das Zusammentreffen von Holger und mir:

# Gott zu erleben, ist unglaublich spannend

Spätherbst 2015

Unsere erste Begegnung im Internetspiel verlief harmlos und normal. Holger (Pseudonym) informierte uns im Spiel, dass seine Mutter gestorben sei. Prompt erhielt er von mir eine persönliche Nachricht mit Beileidsworten und dem Nachsatz, dass ich für ihn beten werde …

Eine Woche später erkundigte ich mich bei Holger, wie es ihm gehe. Zusätzlich versicherte ich ihm, dass ich immer noch im Gebet an ihn denke. Seine Reaktion ließ auf große Verzweiflung schließen, denn er schrieb:

> Danke, dass du für mich betest, doch meine jetzige Situation ist ein Desaster!
> Morgen ist die Beisetzung von Mutti. Zudem liegt mein Papa (Stiefvater) auf der Intensivstation, weil er eine Lungenentzündung zu spät bemerkte. Mein Sohn aß heute beim Chinesen etwas Feines und fing sich dort eine Salmonellenvergiftung ein. Nun liegt auch er im Krankenhaus und kann nicht zu der Beerdigung kommen. Meine jetzige Frau Regine holte ich vorhin nach ihrer Operation nach Hause und bei mir haben sie gestern Diabetes festgestellt.
> Ich öffne jetzt irgendwo ein Loch, springe rein und schließe den Deckel wieder!

Ich:

> Das ist ja unfassbar!!! Momentan ist ja Chaos pur in deinem Leben! Weißt du, wo du Hilfe holen kannst in diesem Schlamassel? In Psalm 121,2 in der Bibel steht: „Meine Hilfe kommt vom Herrn, der Himmel und Erde gemacht hat."

Dein Schöpfer, der dich bis ins kleinste Detail kennt, kann dir helfen und Kraft schenken, besonders in dieser unmöglichen Situation. Das ist seine Stärke :) Werde ganz fest an dich und deine Familie denken im Gebet.

Bete doch einfach zum Gott der Bibel. Er hört dich ganz sicher. Bei ihm kannst du dein Herz ausschütten und ganz ehrlich zu ihm sein. Er versteht dich und hilft dir gerne :) Er hat gesagt in Matthäus 7,7: „Bittet, so wird euch gegeben" ... Probiere es aus!

## Holger:

Gott verließ mich. Denn ich sündigte, nahm Leben und verlor Kameraden im aktiven Militäreinsatz. Zudem ignorierte ich Gott, beschuldigte ihn und tat willentlich Dinge, von denen ich wusste, dass sie falsch waren. Ich habe auf Gott „gepisst" und er hat mir geantwortet. Er nahm mir Judith, meine erste Frau, und Stefan, unseren kleinen Sohn. Seitdem ist mein Leben nicht mehr das, was ich unter einem „normalem" Leben verstehe.

Es gab so viel Schreckliches und immer meine besten Freunde mussten sterben. Aber mich bekommt er nicht klein! Den Tod von Judith und Stefan werde ich ihm nie verzeihen – so wie Gott mir nicht verzeiht, was ich mir selbst nicht verzeihen kann!

Seit dreißig Jahren betete ich nicht mehr, außer, wenn ich ihn beschimpfen wollte. Gott hört mir nicht zu. Er will mich nicht bei sich haben – und ich bin vermutlich auch selbst schuld daran.

Schlussendlich nimmt mir Gott sogar mein Leben und schickt mich, wohin er will. Egal, wie grausig es wird, auch er begeht Fehler, und wenn er diese nicht einsieht, gehe ich lieber in die Hölle. Meine Seele gehört eh nicht in den Himmel. Deshalb tut er mir das an.

Die bodenlose Hoffnungslosigkeit, die mir aus Holgers Zeilen entgegensprang, bedrückte mich. Seine vielen schlimmen Erlebnisse berührten mich und trieben mir die Tränen in die Augen. Wie sollte ich auf diese herausfordernden Zeilen reagieren?

In meinen schlaflosen Stunden betete ich unaufhörlich für ihn. Am Morgen vom Beerdigungstag seiner Mutter schrieb ich ihm, dass meine Gebete ihn heute begleiten werden für diesen schweren Gang.

Dann warf ich noch eine Frage auf: „Hast du dir schon überlegt, warum eine wildfremde Frau, die du „per Zufall" kennenlerntest, für dich und deine Familie betet?"

Holgers Antwort erfolgte noch vor der Beerdigung: „Ja, das überlegte ich mir schon. Doch für mich ergibt es keinen Sinn. Man könnte meinen, Gott schicke mir dadurch ein Zeichen oder eine Nachricht. Daran kann ich aber nicht so richtig glauben..."

An der Beerdigung schickte Gott noch mal zwei Leute explizit zu Holger, die ihn getröstet haben. Eine Kollegin überzeugte ihn, dass sie heute fest an den Gott der Bibel glaube. Sie sei sicher, dass es ihn gibt.

Ein guter Freund und Nachbar sagte ihm: „Vertraue auf Gott, es gibt ihn und er wird dich auch noch berühren!"

Holger:

„Was ist los? Warum kommen gerade so viele Leute auf mich zu? Das ist doch nur Beileid – oder ist da mehr? Ist meine Mama jetzt im Paradies? Das wünsche ich mir so sehr für sie!
Ich bekomme und möchte kein Paradies, denn ich verdiene es nicht – meine Mama schon! Meine Mama war schon in ihrem Leben ein Engel – und ich war immer nur ihr Bengel. In einem Jahr gab ich ihr nicht halb so viel zurück, wie sie mir in einer Woche geschenkt hat."

Staunend stellte ich fest, dass Gott alles bis ins kleinste Detail geplant hatte, indem er an der Beerdigung auch noch Menschen mit einer Botschaft zu Holger sandte.

Trotzdem realisierte ich bald, dass ich Gebetsunterstützung benötigte. Denn schon das Wenige, das ich aus Holgers Leben wusste, wollte mich belasten. Zusätzlich erschwerte das unsere Kommunikation, dass wir einander hauptsächlich schrieben. Denn ich sah seine Mimik, Gestik und Reaktion nicht und hörte seinen Tonfall nicht. Da benötigte ich viel Weisheit und göttliche Leitung, damit ich ihn nicht verletzte. Darum fragte ich bei verschiedenen vertrauenswürdige Christen, ob sie mich im Gebet unterstützen würden. Schlussendlich hatte ich ein tolles Team beisammen, das ich immer kontaktieren konnte. Die Auswirkungen von diesen betenden Christen wurden bald in Holgers Leben sichtbar.

Doch vorher erhielt ich von Gott noch den Auftrag, Holger eine Botschaft weiterzuleiten.

Ich:

> Heute Morgen beim Bibellesen ist mir ein Vers ins Auge gesprungen. Zuerst wusste ich nicht, ob er für dich, Holger, bestimmt ist oder nicht. Doch jetzt sehe ich klarer. Ich soll ihn wirklich an dich weiterleiten. Zum besseren Verständnis setzte ich deinen Namen ein. Er wurde den Einwohnern von Jerusalem geschrieben. Er steht in der Bibel in Jesaja 40,2:
>
> Ermutigt Holger. Ruft ihm zu:
> Nun hast du genug gelitten!
> Die schreckliche Zeit ist vorbei!
> Der HERR hat dich voll und ganz
> für deine Sünden bestraft.
> Deine Schuld ist beglichen!
>
> Nimm das JETZT und HEUTE als persönliche Botschaft von Gott an dich!

Holger:

> Vielen Dank. Du tust mir gut.

Diesen Bibelvers an Holger weiterzuleiten, kostete mich sehr viel Mut und Gottvertrauen. Nie hätte ich ihn ausgewählt, um jemandem damit zu helfen. Erst nach viel Gebet und Fragen nach Gottes Willen schickte ich Holger diese Nachricht. Jahre später realisierte ich, dass dieser Vers ihm wie auf den Leib geschnitten war. Brachte diese Botschaft Holger Heilung oder Erleichterung?

Jedenfalls erwartete uns beide auf dem Friedhof, beim Grab von Holgers Mutter, schon die nächste Herausforderung.

Holger:

> Wenn es einen Gott gibt, prüfte er mich vor circa einer Stunde – und ich schätze, ich versagte! Schon wieder sündigte ich! Ich tat anderen Menschen Leid an. Meine Frau Regine weinte eben bei der Wundversorgung meiner Hände und fragte mich, ob ich ins Gefängnis wolle. Sie kennt mich und erlebte schon mehrfach, was passiert, wenn ich ausraste. Das wollte ich nicht, aber sie lästerten so über die Toten. Ich fasste den Entschluss, für meine Mama zu Gott zu beten, kniete an ihrem Grab nieder, faltete die Hände und rang mit mir selbst um die richtigen Worte.
> DU – nur DU, Renate, hast mich dazu gebracht. Niemand kennt mich auf den Knien!
> Und dann kamen diese pöbelnden Idioten vorbei. Haben geblökt, beleidigt, keinen Respekt gehabt. Als ich über die Friedhofsmauer schrie, sie sollen die „Fresse" halten, kamen Rufe zurück: „Halt selbst die „Fresse!" Chill mal, Alter! Friss Paprika, das beruhigt!" Ich sah in ihren Gesichtern, dass sie nicht damit gerechnet hatten, dass ich mit einem Sprung über die Friedhofsmauer komme.
> Sehr laut erklärte ich ihnen, dass meine Mutter gestorben sei und ich etwas Ruhe und Respekt erwarte. Keiner wollte etwas gesagt haben, keiner

wollte etwas gehört haben. Mit dieser deutlichen „Verwarnung" wollte ich diesen Konflikt beenden. Doch dann erwiderte der Rädelsführer: „Dann geh doch zurück zu deiner toten Mami oder willst du was aufs Maul, Opi?"

Ihm und den anderen Maulhelden verpasste ich direkt eine. Fünf wollten ihnen helfen, die anderen fünfzehn sind davongerannt. Sieben Jugendliche zwischen sechzehn und zwanzig Jahren schlug ich zusammen. Was bin ich bloß für ein Held? Morgen werde ich in der Zeitung darüber lesen. Der mit dem größten Maul blutete so fürchterlich ...

Falls einer von ihnen ernsthaft zu Schaden gekommen sein sollte, werde ich mich stellen. Meine Hände sind geschwollen, ich blute aus den Knöcheln. Die Wunden schwimmen in Salbe. So gerne wäre ich sanft und gütig. Doch das bin ich nur noch bei meiner Familie und den engsten Freunden.

Was ist denn nur los mit mir?

Wenn Gott mich liebt, warum ließ er zu, dass so eine „Kampfmaschine" aus mir wurde? Ich will das gar nicht und wünschte mir, dass mich die Menschen meinetwegen lieben würden. Niemand weiß, dass ich auch ein weiches Herz besitze, außer meiner eigenen Familie. Die meisten Freunde „lieben" mich vermutlich, weil sie Angst vor mir haben.

Holger ging das erste Mal in seinem Leben auf die Knie! Der allmächtige Gott bewirkte das, nicht ich. Das war ein Schritt vorwärts. Unmittelbar darauf folgte ein brutaler Rückschlag. Er verhaute eine ganze Gruppe Jugendlicher, weil sie ihn provoziert hatten! In den Jahren vorher tat Holger niemandem mehr ein Leid an. Aus eigener Kraft hatte er es geschafft, sich zu beherrschen. Und nun passierte es wieder! Das entmutigte und verunsicherte Holger zutiefst. Zudem schämte er sich für seine Unbeherrschtheit.

Um ihm etwas Mut zu machen, erklärte ich ihm, dass Menschen schlimme Dinge tun, wenn sie ohne Gott unterwegs sind. Der Schlusssatz, nach vielem zusätzlichen Geschreibsel, war: Am meisten wünsche ich mir, dass du dein Glück in Jesus findest!

Holger:

> Was meinst du mit „Jesus finden?" Wie suche ich nach ihm und woran erkenne ich dann, dass ich ihn gefunden habe?

Oh Schreck, wieder mal benutzte ich Redewendungen, die völlig unverständlich sind für jemanden, der null Ahnung von Gott und der Bibel besitzt. Nun übte ich mich darin, das Ganze so zu erklären, dass es hoffentlich verständlich ist.

Später merkte Holger, dass er bei der Schlägerei doch mehr Schaden genommen hatte, als ihm lieb war. Sein Knie schwoll an und wurde so dick wie ein Fußball. Die Hosen passten nicht mehr und er bewegte sich mit Krücken fort. Er erkannte, dass sein Jähzorn ihm das eingebrockt hatte. In der Folgezeit musste Holgers Knie operiert werden.

Mitten in der Genesungszeit erhielt er ein Telefonat von der Intensivstation des Krankenhauses. Gab es schlechte Neuigkeiten von seinem Stiefvater? Nein, er war so weit genesen, dass er das Krankenhaus verlassen konnte. Darum suchte Holger fieberhaft nach einem Platz in einem Seniorenheim. Die Suche gestaltete sich sehr schwierig. Überall bekam er Absagen. Zahllose Einwände gegen eine Aufnahme wurden vorgebracht. Zusätzlich machte die Intensivstation Druck und wollte den Patienten möglichst rasch loswerden.

Überraschend bekam er eine Zusage von seinem Lieblingsheim. Dort, wo die Mutti schon gewesen war. Eigentlich wäre da für längere Zeit kein Platz mehr frei gewesen.

Holger:

> Vielleicht wurde ich gestern bei meinem ersten
> Gebet seit 32 Jahren am Grab meiner Mutter erhört?
> Denn ich bat darum, uns bei der Suche nach einem
> Seniorenheim zu helfen. Vielleicht gibt es ja eine Art
> „Verlorenes-Schaf-Bonus." Im Moment bin ich auf
> jeden Fall selig vor Glück!
> Nein, weißt du was? Das hatte nichts mit mir zu
> tun. Weshalb sollte auch jemand ausgerechnet
> mir zuhören? Wenn es eine göttliche Fügung und
> Erklärung dafür gibt, dann wohl eher, weil du für uns
> gebetet hast. Der „Gute-Mensch-Bonus" erklärt sich
> mir leichter.

Natürlich freute ich mich riesig, dass es mit dem Seniorenheim
funktioniert hatte. Doch ich konnte ihm versichern, dass Gott
nicht mein Gebet erhört hatte, sondern seines! Denn ich hatte
gar nicht dafür gebetet.

Am nächsten Tag bedankte sich Holger bei Gott für die Erhörung und wurde diesmal von niemandem beim Gebet gestört.
Diese verschiedenen Erlebnisse mit Gott brachten ihn ins Nachdenken.

Holger:

> Ich weiß nicht, wohin mich das alles bringt, was ich
> von dir höre. Allerdings dachte ich noch nie so viel
> über mein Leben nach, wie jetzt, wo du, Renate,
> mit mir in Kontakt bist. Außer beim Tod von Judith,
> meiner geliebten Frau. Der Weg, den ich gehe, ist
> steinig und beschwerlich. Wer sich mit mir auf diesen
> Weg begibt, wird sich unter Umständen selbst mit
> Last beladen. Für deine Hilfe bin ich dir sehr dankbar.
> Nur solltest du dich nicht zu sehr von mir „belasten"
> lassen. Du hast selbst ein Leben. Denke stets auch an
> deine Familie, deine Tochter.

Den Kontakt mit Holger wollte ich nicht abbrechen, denn ich war sicher, dass Gott ihn mir über den Weg geschickt hatte. Darum begleitete ich ihn weiter.

Da das Wort Gottes gewaltiges Veränderungspotenzial hat, legte ich Holger ans Herz, anzufangen die Bibel zu lesen. Als zusätzliche Hilfe empfahl ich ihm einen Online-Bibelkurs.

Holger:

Auf dem Bibelserver las ich vieles durch. Manches wieder und wieder. Ich versuche, die Texte zu verstehen, und weiß, dass man damals anders gesprochen und niedergeschrieben hat.

Woher weiß ich, dass ich nichts falsch deute und auslege? Vieles verstehe ich auch nach dem x-ten Mal Durchlesen gar nicht. Vielleicht bin ich nicht für die Bibel gemacht, denn es strengt mich an. Es kostet mich viel Zeit, die ich sonst mit notwendigeren Aufgaben verbringen würde. Freilich frage ich mich, ob es nicht wichtiger wäre, die Bibel zu verstehen. Doch – das Leben fordert den Tribut der Zeit. Ich kann nicht nur hier am PC sitzen und lesen. Die letzten Tage gab es mal rügende Worte von Regine, meiner Frau, weil ich nicht in die Gänge komme, viel liegen bleibt und ich sie nicht im Haushalt unterstütze, wenn ich schon mal da bin.

Zudem betrete ich ein sehr schwieriges Feld, denn ich verspüre etwas, das ich noch nicht kannte: *Unsicherheit!*

In meinem Leben begab ich mich immer nur auf Pfade, die ich „bestimmen" und lenken konnte. Mich im Glauben zu „ergeben" und Gott als Chef/Herrn zu akzeptieren, würde mir sicherlich extrem schwerfallen. Ich will glauben und doch sträubt sich alles in mir dagegen!

Als Pragmatiker und Realist sehe ich immer alles aus einem wissenschaftlich belegten Blickwinkel. Ich bin aufgeweckt und schloss als Bester meines Jahrgangs

> ab – und doch weiß ich von Gott und der Bibel
> absolut nichts. Alles ist so schwierig geworden.
>
> Nichts ist mehr so, wie es war und
> doch ist alles wahr, was gewesen ist.

Als Antwort darauf erläuterte ich Holger, dass er vor dem Bibel-lesen Gott bitten solle, sich ihm zu offenbaren. Gott werde dieses Gebet sicher beantworten! Nicht lange danach meinte Holger, dass Gott sich ihm in negativer Weise „offenbart" habe.

# Wahre Freunde

Holger:

> Da bin ich aber mal gespannt, ob und wie Gott dieses
> Gebet beantworten wird.
> Heute Morgen „offenbarte" sich Gott mit einem
> geschlossenen Thermostat in meinem Auto und in
> der Folge mit einem qualmenden Kühler.

Ich:

> Mit der letzten Mail meinte ich eher, dass Gott sich
> dir durch die Bibel offenbart :) Qualmende Kühler
> gehören für mich eher zur Kategorie der Dinge, die
> wir Menschen geschaffen haben. Leider sind diese
> Dinge nie perfekt. Sie gehen kaputt, rosten oder
> versagen.

Holger musste seinen besten Freund mit dem Auto vom Flugplatz abholen. Das verklemmte Thermostat konnte er wieder
notdürftig reparieren, sodass es für die Fahrt zum Flugplatz
reichen sollte.

Holgers Definition des Begriffes Freund ist:

*Ein Freund beweist sich in der Not!*

Holger:

> Dieser Freund, den ich nun vom Flugplatz abhole,
> war unzählige Male für mich da. Er hat MICH aber
> noch nie gebraucht. Also habe ich Angst vor dieser
> Aufgabe. Ich möchte ihn nicht enttäuschen.
> Ein anderer langjähriger Freund, den ich während
> der Militärausbildung in einer Spezialeinheit kennen-
> gelernt hatte, war ein Bollwerk an Kampfkraft und

trotzdem voll eiserner Güte. Wir schworen uns, immer füreinander da zu sein!
Seine Güte hat ihn getötet. Bei einem Auslandeinsatz wollte er nicht schießen, als er eine Frau rennen sah. Der junge Sohn (12–14-jährig) hinter ihr hob plötzlich die Kalaschnikow und schoss auf ihn. Ich habe die Frau und den Sohn getötet. Mein Freund starb in meinen Armen mit den Worten: „Wie geht es dem Jungen?" Den Hass in mir kann ich niemals vergessen! Ich kam nur Sekunden zu spät – vielleicht eine oder zwei. Dennoch starb dieser Freund auf meinen Knien. Dort erlitt ich auch einen Kniedurchschuss von dem Bengel.

Ich möchte nie wieder zu spät da sein, wenn man mich braucht!

Ob ich dieser Aufgabe gerecht werden kann, wird sich in Zukunft zeigen. Pünktlich am Flughafen werde ich sein – und wenn ich ein Taxi nehmen muss! Wenn dich das alles zu sehr belastet, sag mir das. Dann verschwinde ich aus deinem Leben. Ich weiß, wie einen das belastet. Noch heute träume ich davon. Damals gab es keinen einzigen Psychologen oder Seelsorger. Wir waren mit unserem Schmerz mutterseelenallein.
Du bist heute mein Seelsorger. Wenn das zu viel für dich wird, sag es mir ruhig. Ich habe schon zu viele Leben ruiniert.
Ich würde ja gerne den Rest meines Lebens damit verbringen, „gutes Leben" zu schützen und „Böses" abzuhalten. Aber das funktionierte schon einmal nicht. Deshalb scheue dich nicht, wenn du das nicht mehr erträgst. Ich kann das verstehen ...

Ich:

> Keine Angst, was ich von dir höre, wird mir nicht zu viel. Denn Gott ist mir ganz nahe. Somit muss ich

> diese Last nicht tragen, sondern kann sie direkt bei
> ihm abladen. Wie ein Soldat, der seinen Rucksack
> seinem Kollegen abgibt. Dann bin ich wieder frei :)
> Zudem beten noch ein paar gute Freunde für mich!

Holger:

> Ich wollte meinen Frust und Schmerz auch an Gott
> abgeben und schrie verzweifelt: „Das ist alles deine
> Schuld!"
> Heute denke ich – es war alles unsere eigene Schuld!

Keine Ahnung, wie Holger dieses traumatische Ereignis allein verarbeiten konnte. Dazu noch ohne psychologische Hilfe. Besonders der Aspekt, dass er zwei bis drei Sekunden zu spät gekommen ist, um den Tod seines Freundes zu verhindern, stresste ihn sehr. Das löste gewaltige Scham- und Schuldgefühle aus, die ihn sein ganzes Leben verfolgten.

Als er den andern Freund am Flugplatz abholte, verlief die Heimreise reibungslos bis kurz vor der Ankunft. Da platzte der Motor, weil sich das Thermostat wieder verklemmt hatte. Die Straße war voller Öl, sodass die Feuerwehr alarmiert werden musste. Beim Knall des Motors fragte sich Holger, was sich der Herr da oben wohl wieder gedacht habe.

■ ■ ■

Holger hatte mir bis jetzt sehr viel aus seinem Leben anvertraut, doch von meiner Lebensgeschichte wusste er noch praktisch nichts. Nun wollte ich ihm ein wenig erzählen, mit wem er sich eigentlich austauscht.

Ich:

> Gerne möchte ich dich auch ein wenig an meinem
> Leben teilhaben lassen. Mein Lachen ist sozusagen

mein Markenzeichen. Wenn ich verlegen bin, mir etwas peinlich ist oder ich etwas lustig finde, lache ich immer. Oft kommen mir auch die Tränen beim Lachen :)

Meine Eltern sagten immer, ich sei ein „halber Junge". Das ist auch so. Ich bin gar nicht eine „typische" Frau. In der Schulzeit war ich oft auf dem Fußballplatz anzutreffen, als einziges Mädchen mitten unter all den Jungs. IKEA-Möbel zusammen-setzen, Autoreifen wechseln, Laminat verlegen, einfache Dinge reparieren oder mit einem Klein-lastwagen auf den Buschstraßen und durch Flüsse von PNG fahren, sind einige Dinge, die mir spontan dazu in den Sinn gekommen sind. Wie und warum wir in PNG „gelandet" sind, berichte ich dir ein anderes Mal.

Ich bin sehr selbstständig und lasse mir nicht gerne helfen. Bis ich zu dem Punkt gekommen bin, an dem ich bekennen musste: „Gott, ich kann das nicht, ich weiß nicht mehr weiter, bitte hilf du mir" dauerte es Jahre!

Im Alter von zwölf Jahren begriff ich, dass ich nicht in den Himmel komme, wenn ich so weiter lebe wie bisher. Es hatte sich ein riesiger Haufen Schuld und Schande angehäuft. Die einzige Möglichkeit, diesen loszuwerden, war, dass ich diesen enormen Ballast zu Gottes Füssen niederlegte. Ich bekannte mich schuldig und sagte Gott, dass es mir leidtut, so viel Schlimmes getan zu haben.

Gott streckte mir ein riesengroßes Geschenk entgegen. Er sagte mir, dass sein Sohn Jesus mit seinem Tod am Kreuz schon bezahlt hatte für ALLE meine Schuld und Unreinheit.

Neugierig nahm ich das Geschenk aus seiner Hand entgegen und öffnete es. Dort war Vergebung drin und meine Würde und Reinheit wurde mir zurückgegeben. Ein Schuldschein mit einer grandiosen Botschaft lag drin: *Mit meinem eigenen Leben bezahlt, Unterschrift von Jesus*. War das eine Erleichterung, endlich diesen niederdrückenden

Rucksack der Sünde und Schuld losgeworden zu sein! Doch in diesem Geschenk war noch etwas drin, das ich zu wenig beachtete:

Der allmächtige Gott wollte eine Beziehung zu mir aufbauen,
wollte Zeit mit mir verbringen,
mit mir reden und den Alltag mit mir teilen.
Er wollte mein Herr sein!

Dieser Abschnitt hier beschreibt ein wenig meinen „Vorher"-Zustand.
Ich war jung und voller Tatendrang und benötigte nur in Ausnahmefällen Hilfe. Wen ich heiraten soll und was für einen Beruf ich lernen soll, besprach ich selbstverständlich mit Gott. Doch ansonsten benötigte ich nicht die Hilfe von diesem Gott, dessen Allmacht ich noch nicht persönlich erfahren hatte. Das Wunder der Wiederherstellung meiner Reinheit und der Vergebung meiner Schuld nahm ich viel zu selbstverständlich an. Da ich von Kindesbeinen an Geschichten aus der Bibel gehört hatte, war das für mich „normal". Es war für mich überhaupt nichts Großes oder Spektakuläres. Wir wurden gelehrt: Wenn wir zu Gott kommen mit unserer Schuld, dann vergibt er sie uns.
Mit viel Geduld und Liebe probierte Gott immer wieder, meine Aufmerksamkeit zu wecken. Denn es war ihm ein sehr wichtiges Anliegen, in enger Gemeinschaft mit mir zu leben. In PNG war ich oft krank. Verschiedene Tropenkrankheiten wie Malaria und Typhus kamen und gingen. Dann mussten wieder Antibiotika geschluckt werden wegen Entzündungen. Während der ersten Schwangerschaft erkrankte ich an Malaria und an Nierenbeckenentzündung.
Zusätzlich erlebte ich einige herausfordernde Situationen: Da eine Mitarbeiterin das tropische Klima nicht mehr vertrug, musste ich ihre Arbeit übernehmen. Plötzlich war ich verantwortlich

für die Frauen-, Gefängnis- und Kinderarbeit in meiner Gegend. Dieser Auftrag kam, nachdem ich mich erst ein Jahr in PNG aufgehalten hatte. Ich kannte die Kultur und Sprache mehr schlecht als recht und musste trotzdem diese Verantwortung übernehmen, Weiterbildungen und Kurse abhalten. Hier noch ein Beispiel:

An einem Spätnachmittag war ich Lenkerin eines Busses mit zwölf Sitzen. Ganz viele Einheimische kamen mit in den Gottesdienst auf der Militärbasis vor Ort. Peter befand sich schon im Bett, da er am Morgen sehr früh aufstehen musste. Ein Transport in ein Dschungeldorf war für den nächsten Morgen geplant.

Bei der Rückfahrt wurde es schon langsam dunkel. Ich setzte den Blinker, um von der Hauptstraße abzubiegen. Da warf ein Betrunkener, der vor der Bar stand, eine halbvolle Flasche in meine Windschutzscheibe. Die Scheibe zersplitterte, blieb aber dennoch intakt. So schnell es ging, bog ich in die holprige Straße ein, die zur Kirche führte. Es kam noch eine zweite leere Flasche in die hintere Scheibe geflogen.

Gott sei Dank hatte die Frau des Pastors, die neben der Kirche wohnte, den Radau gehört. Sie rannte zum Tor und öffnete es so schnell wie möglich. Ich fragte mich, ob es ihr gelingt, das Tor zu schließen, bevor diese Randalierer kommen.

Ich fuhr in den Hof, stellte den Motor ab und rannte schnurstracks ins Pastorenhaus, um mich in Sicherheit zu bringen. Weiße Frauen sind in solchen Situationen stark gefährdet. Währenddessen mühten sich die Mitfahrenden ab, die Türe des Autos zu öffnen, was ihnen nach einiger Zeit gelang. Mit vereinten Kräften gelang es, das Tor rechtzeitig zu schließen. Die Bewohner, die ringsumher wohnten, hatten schon längere Zeit die Nase voll von dieser Bar und allem, was damit zusammenhing. Darum kamen sie und vertrieben diese Unruhestifter.

Das Telefon riss Peter aus dem Tiefschlaf. Er kam, um mich abzuholen. Wir waren sehr dankbar, dass niemand verletzt worden war. Nur ich hatte ein paar feine Glassplitter in den Armen, die aber gut entfernt werden konnten. Der Schreck musste aber schon verarbeitet werden ...

Zum Schluss noch zwei Eigenschaften von mir:
- Ich höre gerne zu und die Mitmenschen haben viel Vertrauen zu mir.
- Ich bin wagemutig, manchmal ein bisschen „verrückt" und bleibe in stressigen Situationen gelassen.

In PNG war ich auf der Hochlandstraße (die wichtigste Hauptstraße der Gegend) unterwegs, um einen Besuch in einem Frauengefängnis zu machen. Begleitet wurde ich von einer einheimischen Frau, die meinen Sohn Silvan während der Fahrt betreute. Mitten auf der Strecke stoppte uns ein wichtigtuerischer Hilfspolizist, der meinen Fahrausweis sehen wollte. Ich zeigte ihn. Doch dummerweise war er abgelaufen.

Da forderte er uns auf, mit ihm auf die Polizei-station zu kommen, weil er Anzeige erstatten wolle. Doch ich eröffnete ihm, dass ich keine Zeit dafür habe, denn sie würden auf mich warten im Frauengefängnis. Er ließ mich ungern ziehen und verlangte von uns, auf der Rückfahrt mit ihm auf die Polizeistation zu kommen, wenn sie noch dort seien. Als wir nach dem Besuch im Gefängnis die Stelle passierten, wo sie gestanden hatten, stellte ich erleichtert fest, dass sie sich in Luft aufgelöst hatten. Denn die Fahrt auf diese Polizeiwache wäre ein langer Abstecher geworden. So bald wie möglich verlängerten wir den Ausweis. Meine Mitfahrerin war sehr erstaunt über meine Reaktion. In dieser Kultur ist es nicht üblich, als Frau ihren Auftrag über die Interessen der Polizei zu stellen. Ja, wie du lesen kannst, wusste Gott sehr genau, dass ich gerne ein wenig Action habe. Immer wieder streute er aber auch eine „Prise" Krankheit in mein

Leben. Denn in schwierigen Zeiten bekommt das Leben Tiefgang. Das ist wie bei einem Baum. Wenn Wind, Sturm und Regen kommen, dann wachsen die Wurzeln in die Tiefe und verankern sich fest im Untergrund.

Holger:

Das ist komisch. Ich stellte mir dich ruhiger vor, so eher der Typ „Nonne." Du hast ja schon echt was erlebt! Ich bin tief beeindruckt! Deine Worte bereichern mein Leben. Seltsam, dass ich überhaupt mit dir schreibe, denn ich bin generell eher sehr schreibfaul!

Das Jahr 2016 neigte sich dem Ende zu und ich konnte nur staunen, was passiert, wenn ich Gott die Führung meines Lebens überlasse. Nämlich Dinge, die mir nicht mal in den Sinn gekommen wären.

Am Silvesterabend ziehen wir in unserer Kirche immer einen Bibelvers. Das ist Tradition. Mich hat dieser Vers schon oft während des Jahres ermutigt. Mein Vers aus Lukas 1,37 lautete:

*Bei Gott ist nichts unmöglich...*

Für Holger zog ich auch einen:

*Gott sagt: Ich, der Herr, bin dein Heiland,*
*und ich, der Mächtige, dein Erlöser.*

Aus Jesaja 60,16

Was würde uns das Jahr 2017 alles bringen?

# Todesfälle

Holger:

Kurz nachdem mein langjähriger Freund vom Militär beim Auslandeinsatz erschossen wurde, starben auch noch meine über alles geliebte Frau Judith und mein kleiner Sohn Stefan. Ein Lkw-Fahrer tippte auf seinem Telefon rum, kam durch seine Unaufmerksamkeit auf die Gegenfahrbahn und knallte frontal in ihr Auto. Bei diesem gravierenden Verkehrsunfall starben nicht nur Judith und Stefan, sondern auch noch der Schwager. Meine Schwiegereltern verloren auf einen Schlag alle ihre Kinder und das Enkelkind. Und doch war es die Schwiegermutter, die mich bei diesem Schicksalsschlag getröstet hatte. Obwohl sie selbst unglaublich gelitten haben muss.

Das, was Holger mir hier anvertraut hatte, verfolgte mich noch lange Zeit. Solche Schicksalsschläge lassen einen nicht kalt.

In der Folge fragte ich Holger, ob er nie einen Psychiater konsultiert oder einen entsprechenden Test im Internet gemacht habe, der aufzeigen würde, dass er stark traumatisiert sei. Er verneinte. Als das alles passierte, war das nicht sonderlich „schick", dass man in eine Psychotherapie ging. Für ihn war es irgendwie normal, mit diesen beiden schweren Traumata allein zurechtzukommen.

Zusätzlich baute er eine Art Selbstschutz auf, indem er sich ständig selbst belog. Obwohl er weiß, dass es ihm nicht gut geht, redet er sich ein, dass es ihm gut gehe.

Judith war zu Lebzeiten für Holger wie ein „Seelenpflaster", wie er rückblickend sagt. Ihre Ruhe und Zuversicht, ihr Glaube und ihre Liebe, ihr ganzes Wesen empfand er immer als Trost für seine geschundene Seele. Er war damals so unendlich hilflos und unbeherrscht. In eineinhalb Jahren wurde er 94-mal angezeigt wegen Körperverletzung. Dann kam Judith in sein Leben und hat ihn „gezähmt". Bei ihr war er wie ein Lämmchen. Als sie starb, starb auch ein großer Teil von Holger. Bis heute versucht er ständig, sich wieder zu finden, aber er scheitert immer wieder dabei.

Gehen wir noch einmal zurück in das Jahr 2017 ...

Holger:

> Die Mutter von Judith, meiner ersten Frau, ist nun endlich durch den Tod von all ihren Leiden erlöst worden. Die vielen Tränen, der ganze Schmerz, Krankheiten und Selbstzweifel sind endlich vorbei! Ich bin zwar traurig über den Verlust der Schwieger- mutter, doch es überwiegen Glück und Zufriedenheit.

Kurze Zeit später erfuhr Holger, dass einer seiner ältesten Freunde einem Herzinfarkt erlegen war.

Todesfälle sind für Holger immer sehr belastend, weil zwei Traumata damit verknüpft sind. Wenn jemand stirbt, werden alte Wunden wieder aufgerissen, unauslöschlich ins Gedächtnis gebrannte, schreckliche Bilder aus den Tiefen von Holgers Gedanken hervorgeholt, die ihn furchtbar peinigen. Das ruft enormen Stress und Druck hervor, der dann unerwartet explo- diert. So wie ein kaputter Dampfkochtopf explodieren würde, wenn er dem Druck nicht mehr standhalten kann.

Holger:

> Ich fühle mich verfolgt. Ich bin so unendlich traurig! Die Trauer ist gerade einer großen Wut gewichen, sodass ich meine halbe Werkstatt verwüstet habe. Ich weiß, ich habe gesagt, dass ich mich zu beherrschen versuchen möchte, mich ändern möchte. Aber zurzeit ist alles zu viel für mich! Ich bin erst zu mir gekommen, als die ganze Familie weg „gerannt" ist und sich sogar mein Hund in

einer Ecke unter den Tisch verkrochen hat (er hat
eigentlich vor niemandem Angst).
Und ich setze mich mit der Ewigkeit auseinander.
Jedoch der Zugang zum Glauben will sich nicht
einstellen, so sehr ich mir das auch einrede oder
daran glauben will. Ich bin vermutlich ein hoffnungs-
loser Fall.

Ich:

Bin dankbar, dass du dich mit der Ewigkeit
beschäftigst :) Bei Gott gibt es KEINE hoffnungs-
losen Fälle. Gib NIE auf, ihn zu suchen! Bis du ihn
gefunden hast. Will dir noch ein Gebet mitgeben,
das ich jetzt für dich bete:
Allmächtiger Gott
Danke, dass dir NICHTS unmöglich ist. Danke, dass
du Holger unendlich liebst!
Vater, du siehst seine Verzweiflung, seine
Hilflosigkeit, seine Wut, seine Trauer und seine
Unsicherheit. Du kennst die ganze Situation
und weißt, wie er sich fühlt. Denn du hast ihn
geschaffen. Du hast so viele Gaben in sein Leben
gelegt.
Ich bitte dich, dass du ihm zeigst, wer du bist, dass
du dich ihm offenbarst, dass du ihm begegnest in
deiner Liebe.
Tröste ihn in dieser schwierigen Zeit, halte ihn
ganz fest, und zwar so, dass er merkt, dass du da
bist. Du, Gott, hast gesagt: „Suchet, so werdet ihr
finden!"
Gott, ich werde dir ständig in den Ohren liegen,
bis Holger dich gefunden hat und auch zu deiner
Familie gehört.
Amen

Die Erhörung dieses Gebetes ließ nicht lange auf sich warten.

# Himmelslicht

Holger:

Ich kann es noch nicht verstehen, aber mir ist heute Nacht entweder Jesus erschienen oder... Ich kann es nicht erklären. Ich brauche Zeit, um alles zu verarbeiten.

Alles ist verrückt! Alles ist anders! Ich verstehe plötzlich vieles, das ich nicht verstehen konnte. Anderes, das total wichtig war, ist mir plötzlich völlig egal! Ich weine! Ich weine dauernd. Schon seit 4.00 Uhr morgens. Das ist für mich nicht normal! Das Licht, der Frieden, die Liebe. Alles ist im Moment so überwältigend und kämpft in mir mit meinem ICH. Immer wenn ich darüber nachdenke, weine ich – so wie auch jetzt. Was ist denn nur passiert?

Ich kann es dir nicht erklären und bin im Moment total überfordert!!!

Seltsam, mein ehemaliger Vermieter, der mich von der „Straße" geholt und mir mit meiner schwangeren Frau Regine die erste Wohnung gegeben hatte, ist gestern verstorben. Dass ich mit der Trauer auch Freude empfinde ist komisch. Ich komme momentan kein bisschen klar mit mir!!!

*Meine Frau strahlt die ganze Zeit und meine Kinder wundern sich, dass ich ihnen zum Frühstück gesagt habe, dass ich sie alle liebe.* Sie hatten schon Sorgen, dass ich krank bin oder mir etwas antun will.

Jetzt fahre ich dorthin, wo heute Nacht alles begann. Dort, wo plötzlich Licht war, wo keines sein dürfte. Dort, wo Musik war, wo keine sein dürfte. Dort, wo Frieden war, obwohl „Krieg" herrschte. Heute ist mein letzter Urlaubstag und ich weiß noch gar nicht, wie ich das „Morgen" verbringen soll.

Seltsamerweise bin ich mir aber total sicher, dass alles „gut laufen" wird. Obwohl mehr Probleme als Freuden auf mich warten werden. *Ich hatte noch*

*nie in meinem Leben so einen inneren Frieden wie in
diesen Augenblicken.*
Mein ganzer Kopf ist ein Bienenschwarm. Alles dreht
sich, alles will wissen, alles will rein und auch alles will
raus. Ich verstehe gar nichts mehr. Ich fahr jetzt los.

Als ich das alles gelesen hatte, war ich ganz perplex und hatte sehr
viele Fragen. Zudem war ich überfordert. Gleichzeitig staunte ich
über Gott. *Er war Holger begegnet, obwohl ich nur seinen Spielernamen kannte und wusste, dass er in Deutschland wohnte.* Die
beiden Bibelverse, die wir am Silvester 2016 bekommen hatten,
gingen mit dieser Episode hier in Erfüllung.

Ich:

Friede, Freude und Liebe sind ganz eng mit
Gott verbunden. Auch die Gefühle, die damit
zusammenhängen. Dir ist also wirklich Jesus
begegnet in der Nacht. Freue mich sehr darüber :)
Werde weiter für dich beten, besonders für den
Arbeitsanfang am Montag. Gott kann alles ändern,
auch die vielen Probleme. Vertraue ihm nur und
lass IHN daran arbeiten.

Holger:

Ja, wie soll ich es sagen? Er ist mir natürlich nicht
wirklich und leibhaftig „begegnet". Es sind seltsame
Dinge passiert. Es veränderte sich alles plötzlich.
Irgendwie verstehe ich noch gar nicht, was gerade
geschieht! Doch ich lasse alles einmal auf mich
zukommen und sich setzen. Vielleicht werde ich es in
ein paar Tagen besser erklären können.

Ein paar Tage später hakte ich noch mal nach …

Ich:

> Kannst du mir erzählen, was passiert ist. Bin ein
> wenig neugierig. Wenn du es lieber ein wenig
> später machst, ist das auch okay :)

Holger:

> Es ist recht schwierig zu erklären und ich bin es noch
> selbst am Verarbeiten. Traumwelt und Realität haben
> sich miteinander vermischt. Die Erklärung folgt
> später, wenn ich ein wenig mehr Zeit habe. Bin zurzeit
> total eingespannt. Bin schon wieder auf dem Sprung.

Wenn Großartiges geschieht, dann macht der Feind Gottes sich sofort auf und will das „junge Pflänzchen" gnadenlos zerstören! Ernst-August Bremicker schreibt in seinem Buch: Countdown zum großen Finale:

> *Angriffe des Teufels gegen seine Kinder*
> *haben das Ziel,*
> *Christus die Ehre zu rauben.*

Aus meiner Sicht trifft dieses Zitat den Nagel voll auf den Kopf. Gott entfaltet SEINE souveränen, einmaligen Pläne, damit wir Menschen ehrfürchtig staunend und anbetend vor ihm niederfallen und IHN ehren.

Doch Satan versucht, sich immer wieder zwischen uns und Gott zu schieben. Mit viel Lärm und schlimmen Erfahrungen, die unsere ganze Aufmerksamkeit erfordern, platziert er sich mitten in unser Blickfeld und verbaut so den Blick zu Gott! Genauso ist es hier und noch viele andere Male im Leben von Holger geschehen.

In der Großgruppe im Game war Holger in eine heftige „verbale" Auseinandersetzung mit einem anderen Mitglied verwickelt. Daraufhin verließ er die Gilde. Um weiter mit ihm in Kontakt zu bleiben, schickte ich ihm eine Freundschaftsanfrage.

Holger:

> Was willst du mit einem wie mir?

Ich:

> Ich will weiter den Weg mit dir gehen :), egal, wie der Weg aussieht! Weißt du, Jesus war auch immer für mich da, egal, ob ich ihn ignoriert oder ihm den Rücken zugekehrt hatte. Bin immer noch gespannt zu hören, was die Begegnung mit Jesus in deinem Leben ausgelöst hat?

Holger:

> Es ist kompliziert und ich verstehe es selbst noch nicht!
> Ich war dabei, eine „Dummheit" zu begehen. Es hätte für den Gegner tödlich geendet! Aber da erschien plötzlich etwas wie ein Licht hinter mir am Himmel, das mit mir sprach und sagte: „Tue das nicht!"
> Zuerst dachte ich, es wäre ein Polizeihubschrauber mit Scheinwerfern, aber da war nichts. Als ich den Gegner verfolgen und stellen wollte, anstatt ihn zu töten (er sprang über den Zaun meiner Gartenanlage), verletzte ich mich am Stacheldraht.
> Davon wachte ich auf! - und hörte Geräusche um mich. Etwas oder jemanden sah ich im Dunkeln. Ich fasste meine Waffe und verspürte einen heftigen Schmerz. Der oder die andere bemerkte mich wohl und sprang über das Eingangstor meiner Gartenanlage. Ich folgte ihm nicht, sondern verharrte mit der Waffe im Anschlag und schoss nicht.
> Da war wieder das Licht aus dem Traum, aber es sagte nichts mehr. Ich drehte mich um und guckte nach oben. Das Licht erlosch zögerlich.

Danach interessierte mich, was mir so Schmerzen verursachte. Es war der Riss des Stacheldrahtes am linken oberen Unterarm.

Seitdem hat mich eine seltsame Ruhe erfasst. Selbst meine Frau sagte vorgestern zu mir: „Ich will gar nicht wissen, was das war oder was passiert ist, ich will nur, dass du genauso bleibst, wie du jetzt bist!" Wenn ich meine Kinder begrüße, fragen sie mich scherzhaft, ob mit mir alles in Ordnung sei, weil ich so anders bin. Lockerer, ausgeglichener, verständnisvoller. Tatsächlich scheint mir das Leben ein wenig leichter geworden zu sein, obwohl es nach objektiven Anschauungspunkten eher schwieriger geworden ist. Ich sage zu meiner Frau dann immer so was wie, „der Herr wird's schon richten" und sie sagt dann immer so was wie, „solange es dir guttut". *Weil ich glücklich bin, lächle ich dann immer!*

Noch immer suche ich nach rationalen Erklärungen für dieses surreale Erlebnis, doch die Verletzung aus dem Traum hatte/habe ich real! Wie ist der Ablauf des Traumes mit der Realität zu erklären? *UND warum hat mich das nicht ausrasten und wütend, sondern ausgeglichen und erwartend werden lassen? Ich bin ein anderer Mensch geworden!* Aber vielleicht nicht so, wie man es sich gleich vorstellt. Noch immer bin ich kein „Schäfchen"! Ich glaube, dass ich nur noch dann „austicke", wenn der Herr das von mir möchte. Ein Muster erkenne ich nicht darin und zeigte sich mir auch nicht. Nur so viel – ich hätte in der Zwischenzeit schon viele Auseinandersetzungen eigentlich bestreiten müssen, weil es die Situation von mir erforderte. Allein, dass ich sie ausließ und unverletzt aus all den Situationen gekommen bin, sagt mir, dass der Herr einen Weg für mich hat.

Ich werde sehen, was auf mich zukommt. Zurzeit habe ich wenig Zeit zum Schreiben. Eine Menge Aufgaben, die ich bekommen habe, warten auf Erledigung. Die Fäden am Arm zog ich mir vor drei Tagen.

Danke, dass du an mich glaubst, also als Person
natürlich.
Gute Nacht, schlaf gut und träum was Schönes. Für
manche kann Schlafen erleuchtend sein ...

Ich:

Ich bin sprachlos. Zugleich staune ich, wie
großartig Gott ist. Er ist dir so begegnet, dass du
seine Botschaft verstanden hast und dass es eine
Lebensveränderung bewirkt hat. Wieder einmal
durfte ich erleben, wie genial Gott Gebete erhört.
Ich vollführe gerade ein paar Luftsprünge, weil ich
mich so freue! Mein freudenstrahlendes Gesicht
wird meine Familie noch eine Weile „ertragen"
müssen.

Später fragte ich Holger, ob ich auf dem Game unserem Chef
der Großgruppe seine Lebensveränderung erzählen darf. Denn
dieser Chef eröffnete mir ein paar Jahren zuvor, dass er Atheist
sei.

Holger:

Das darfst du gerne. *Auch ich war Atheist, doch ich
kann nicht mehr leugnen, was mir widerfährt.* Ob es
Gott ist? Ich hoffe es und bete dafür. Trotzdem – es
fehlt mir noch viel, um mich als überzeugten Christen
zu bezeichnen!
Ich würde zum Beispiel NIE die „andere Wange
hinhalten". Vorher „scheppert's im Karton"!
*Als eine Art Gotteskrieger sehe ich mich,* denn auch
Gott braucht seine Armee und diese besteht nicht
nur aus Engeln. *Er wird mir sagen oder zeigen, wenn
oder wann ich gefragt bin.* Das sehe ich als sicher an.
*Schließlich zeigte er mir auch, wann ich mich zurück-
halten muss.*

Den Chef der Großgruppe kenne ich schon viel länger als Holger. Im Game kämpften wir viele Schlachten zusammen und tauschten uns oft aus. Als ich ihm von Holgers Umkehr berichtete, hörte er erstaunt zu. Sobald dieses Buch hier erhältlich ist, will er es unbedingt lesen. Da er Zeuge war von dem unschönen Zwischenfall mit Holger in der Großgruppe, interessiert ihn seine Biografie sehr.

# Mitarbeiter Gottes

Holger sieht sich als eine Art Gotteskrieger. Ich sehe mich als Botschafter Gottes. Welche Qualitäten/Eigenschaften sollten Mitarbeiter Gottes mitbringen?

Handwerklich gesehen ist Holger ein Allrounder. Nur für das Getriebe und die Steuerelektronik seines Wagens holt er einen Fachmann. Oder wenn ein neues Satteldach auf dem Haus montiert werden sollte. Wenn er alles selbst ausführt, dann weiß er wenigstens, wer schuld ist, wenn mal was schiefläuft, meinte er.

Früher hatte er einen sehr gut bezahlten, verantwortungsvollen Job. Er genoss seinen Status und die damit verbundenen Annehmlichkeiten. Er meinte diese Situation würde „ewig" dauern. Aus verschiedenen Gründen gab es plötzlich einen massiven Schnitt und das Ganze war weg. Das war eine harte Landung, denn er musste sein ganzes Leben umstellen und plötzlich mit viel weniger Geld auskommen. Nun verdient er sein Brot als Handwerker. Es ist eine sehr anstrengende Arbeit, die oft über seine Kräfte geht. Doch irgendwie muss er ja sein Geld verdienen.

Ich:

Weißt du, was das Schöne ist? Gott „tickt" völlig anders als wir Menschen. Er kann JEDEN brauchen für den Bau seines Reiches. Egal ob krank oder gesund, ob alt oder jung, ob Kinder oder Erwachsene, ob arm oder reich, ob dumm oder gescheit, ob dick oder dünn. Das Einzige, was wir machen müssen, ist sagen:

HERR, da bin ich. Gebrauche mich so, wie du willst.

Dieser Ausspruch kam vor Jahren auch mal über meine Lippen. Was war das Resultat dieses gewagten Schritts? Irgendeine kranke Schweizer

Hausfrau wird zu dir geschickt, um dir etwas von Gott zu berichten und für dich zu beten.
Keine Ahnung, was Gott mit deinem Leben vorhat. Vorhin sagte ich Gott, dass dein Leben schon eine riesige Talentverschwendung sei. Daraufhin hatte ich das Gefühl, dass er nur ein wenig lächelte und sagte: „Hab nur Geduld." :) Jedenfalls bin ich gespannt, was Gott in deinem Leben bewirken wird. Bete mal das obenstehende Gebet und schaue, was passiert.

Holger:

:)

Ich:

Hast du es gebetet? Schaue nämlich gerne zu, wenn Gott wirkt :)

Holger:

Ja, ich betete das!

Ich:

So wie ich dich bis jetzt kenne, kann es gut sein, dass deine Aufträge von Gott eher etwas außergewöhnlich sein werden. Doch das wird dich nicht so schnell aus der Fassung bringen!

. . .

Ich:

Vor einigen Jahren schrieb ich in der Oase einen Wunsch auf: Hunderten von Menschen wollte ich ein Wegweiser zu Jesus sein. In der letzten Zeit wurde mir wichtig, Gott KEINE Grenzen zu setzen. Denn ich habe in der Begleitung von Holger erlebt, dass Gott Unmögliches möglich machen kann! Darum bekannte ich Gott, dass es mir leidtut, dass ich ihm da Grenzen gesetzt habe. Den Wunsch formulierte ich nun um:

Unzähligen Menschen
möchte ich ein Wegweiser
zu Jesus sein.

Fast gleichzeitig kam von Gott die Frage: „Bist du bereit, den Preis zu bezahlen?" Eigentlich musste ich nicht lange überlegen. Jesus ist für meine Rettung gestorben. Da ist es für mich die logische Folge, dass ich auch mein Leben ihm zur Verfügung stelle. Egal, was es kostet.
WIE Gott bewerkstelligen wird, dass unzählige Menschen durch mich den Weg zu ihm finden, ist nicht mein Problem. Er muss sich darum kümmern. Und ich bin ganz sicher, dass er mir helfen wird. Egal, was noch kommen wird.

Holger:

Wir sind gespannt, was kommen wird!

Ich:

Lernte heute wieder mal eine Lektion, die eigentlich schon „sitzen" sollte. Aber irgendwie falle ich immer wieder ins gleiche Verhaltensmuster zurück :) Heute Morgen fragte ich Gott, was ich TUN solle, denn ich hatte frei. Irgendwie blieb es still.
Beim Putzen des Bades ist mir in den Sinn gekommen, was Gott am wichtigsten ist. Nämlich, die Beziehung zu ihm zu pflegen! Sich Zeit zu

> nehmen für ihn. *Eben NICHTS TUN für ihn, sondern Zeit in seiner Gegenwart verbringen.* Ich denke, für mich als seine Mitarbeiterin ist das etwas vom Allerwichtigsten!

Die Vorweihnachtszeit 2017 klopfte bei mir schon an die Tür. Prioritäten zu setzen ist das A und O in dieser hektischen Zeit. Sinnvolle Geschenke sollten eingekauft werden, Kleingebäck gebacken und verziert werden, das Haus weihnächtlich geschmückt sein, der Adventskranz pünktlich am ersten Advent bereitstehen und zu guter Letzt sollte die Familienweihnachtsfeier und das dazu gehörige Essen geplant werden. Diese lange Liste wollte mich fast erdrücken. Um wen geht es eigentlich an Weihnachten? Um Jesus! Zeit mit ihm zu verbringen, ist ihm viel wichtiger als all diese vermeintlich wichtigen Weihnachtsaktivitäten.

Was ist, wenn in dieser Zeit noch Krankheit an die Tür klopft?

# Tanz auf der Rasierklinge

Holger:

> Bist du so lieb und betest bei Gelegenheit für mich?
> Ich muss heute in die Computertomografie. Es
> sieht nicht gut aus. Jetzt muss ich gleich weiter zum
> Facharzt. Ich feiere heute Geburtstag und wünsche
> mir, den nächsten noch zu erleben – am liebsten
> noch viele.

Gerne betete ich für ihn und gratulierte ihm noch ganz herzlich
zum Geburtstag und wünschte ihm Gottes Segen.

■ ■ ■

Die größte Freude meiner Tochter Flavia ist es, wenn sie
jemandem ein Geschenk machen kann. Da Holger nicht um die
Ecke wohnt, schickte sie ihm den YouTube Link von ihrem Lieb-
lingssong an seinem Geburtstag.

Holger:

> Up above my head – Up above my head – der Song,
> den Flavia mir zum Geburtstag geschickt hat, geht
> mir nicht mehr aus dem Kopf.

Ich:

> :) wie du siehst, sind auch Kinder unter Gottes
> Mitarbeitern!

■ ■ ■

## Holger:

Es ist kalt. Das einzig Warme ist der brennende
Schmerz in meinem Körper. Vor Jahren
diagnostizierten die Ärzte Krebs bei mir. Zwei Jahre
später, nach einer kleinen Chemotherapie und
zwei Operationen, erklärten sie mich als geheilt.
Jedoch besiegt man den Krebs NIE! Er ist immer nur
zurückgeschlagen und wartet auf eine neue Chance.
Der Facharzt wird am Montag entscheiden, wie es
weitergeht.
Er forderte mich am Telefon auf, ins Krankenhaus
zu gehen und wieder eine Operation durchführen
zu lassen, bevor der „Krebs" streut. Dann sei
wieder Ruhe. Ich erwiderte, dass ich gerne nach
Weihnachten gehen würde. Er meinte, wenn ich
zu lange warte, könnte es sein, dass es das letzte
Weihnachtsfest sein werde.
Soo vielen Leuten versprach ich soo viel. Ab Dienstag
sind die Jagden. Dann das Wildbret zerlegen und fürs
Weihnachtsfest ausliefern. Meinen Kollegen muss ich
die Waffenprüfung abnehmen. Dazu will ich selbst
in meinem Garten ein größeres Weihnachtsfest
abhalten und vieles mehr.
Mag sein, dass manche sich freuen, ihrem Schöpfer
von Angesicht zu Angesicht gegenüberzustehen, aber
ich habe mir dafür noch eine längere „Auszeit" auf
dem Planeten eingeräumt. Wenn ich sicher wüsste,
dass ich alles auch noch später machen könnte.
Was ist, wenn ich ins Hospiz gehe, und am Ende bin
ich im Frühjahr oder Sommer weg vom Fenster?
DANN würde ich mich bis ins Grab ärgern, dass ich
mir die letzten schönen Momente nehmen ließ!
Ich bin hin- und hergerissen. Warum sollte ich denn
keine sechzig werden? Der Herr straft mich für meine
Sünden, die ich im Leben begangen habe – und das
waren nicht wenige.

Ich:

> Nein, der letzte Satz stimmt NICHT! Du hast vor
> einiger Zeit den Vers aus Jesaja 40,2 bekommen:
> Nun habt ihr genug gelitten! Die schreckliche Zeit ist
> vorbei! Der HERR hat euch voll und ganz für eure
> Sünden bestraft. Eure Schuld ist beglichen!
> In Jesaja 53,5 steht auch: Jesus wurde blutig
> geschlagen, weil WIR Gott die Treue gebrochen
> hatten; wegen UNSERER Sünden wurde er durch-
> bohrt. Jesus wurde für dich schon bestraft. Er hat
> die ganze Strafe abbekommen, die du verdient
> hättest. Darum wirst du nicht mehr bestraft!

Vor ein paar Tagen betete Holger: HERR, gebrauche mich so, wie du willst.

Er stellte sein Leben Gott zur Verfügung. Nun sitzt ihm sehr wahrscheinlich wieder so eine niederschmetternde Diagnose im Nacken.

Beim Austausch mit Holger ist mir plötzlich der zweite Teil des Verses aus Jesaja 53,5 wichtig geworden. Dort steht: Durch seine Wunden bin ich geheilt!

Was das schlussendlich für Holger bedeutet, weiß ich nicht genau. Wir werden es sehen.

Er fuhr los zum Arzt und hatte keine Ahnung, ob er direkt ins Krankenhaus geschickt wird oder nicht.

Später habe ich gesehen, dass Holger wieder im Spiel aktiv war. Sein Arzt wollte bei ihm noch eine andere Untersuchung vornehmen lassen. Ein Termin dafür konnte erst in einigen Wochen gefunden werden. Eigentlich hätte der Facharzt Holger schon jetzt in die Onkologie einweisen wollen.

Holger:

> Was so lange geschlummert hat, kann auch noch
> bis Januar weiterschlummern! Ich kann mir nicht
> vorstellen, dass innerhalb weniger Monate ein

sehr großes Problem entstanden ist. Denn ich war jedes Jahr in der Untersuchung. Der Facharzt sieht es zwar anders. Er meint, die Gefahr potenziere sich mit jedem Tag. Ich bin ein wenig hin- und hergerissen. Letztendlich bin ich schon immer auf Rasierklingen getanzt. Freilich, irgendwann wird man sich vermutlich schneiden. Aber ich bin noch nicht so weit, den Ritt auf der Klinge aufzugeben. Ich habe fürs Krankenhaus genauso wenig Zeit wie fürs Sterben!

Holger bekam einen guten Bericht vom Facharzt. Er beklagte zwar verschiedene gesundheitliche Probleme, die aber behandelbar waren. Momentan musste er nicht operiert werden. Schmerzen und verschiedene andere Einschränkungen waren bessere Neuigkeiten als ein baldiges Todesurteil. Er war Gott sehr dankbar, dass er die Gebete erhört hatte.

■ ■ ■

Da mich Holgers Lebensgeschichte faszinierte, unterbreitete ich ihm den Vorschlag, seine Geschichte in Buchform aufzuschreiben. Damit könnten Tausende von Menschen erreicht werden! Das ist meine Idee. Aber wer weiß, vielleicht ist es auch Gottes Idee?

Es kam keine Antwort auf diesen Vorschlag. Doch die Vorweihnachtszeit 2017 hielt noch eine Überraschung bereit, die nicht in farbigem Geschenkpapier eingepackt war.

# Unerwartete Aufträge

Ich:

> Bei einer Hausräumung „erbte" mein Mann eine
> Luftpistole und die dazu gehörige Munition. Ein
> dickes Stück Styropor wurde von ihm an der Wand
> montiert, wo man die Zielscheiben anstecken
> konnte. Dann probierte die ganze Familie möglichst
> ein gutes Resultat zu schießen. Für mich war es das
> erste Mal, dass ich eine Waffe abgedrückt habe :)
> Es machte jedenfalls Spaß und ich werde ab und zu
> noch üben. Ich schoss ein sehr gutes Resultat und
> stellte alle Familienmitglieder in den Schatten :)

Weil mich das Schießen sehr interessierte, löcherte ich Holger in den folgenden Tagen mit Fragen darüber. Denn er verfügt über sehr viel Erfahrung und ist ein top ausgebildeter Fachmann. Ich dagegen hatte null Ahnung davon. Seitenweise tauschten wir uns aus und ich probierte, das neu Gelernte umzusetzen. Immer wieder gab ich ihm Rückmeldung von meinen Fortschritten oder schickte ihm sogar meine Schussbilder.

Holger:

> Hehe, offenbar bekommst du langsam eine
> Vorstellung davon, warum mir das Schießen so Spaß
> macht. Viele Unwissende gehen immer von der
> mordlüsternen, blutrünstigen und amoklaufenden
> Bestie aus, die anscheinend in jedem Schützen
> schlummern soll. Doch ich halte das für Quatsch!
> Beim Sportschießen geht es einfach nur ums Treffen!
> Deine Schussbilder sind ja sehr interessant! Habe oft
> „Neulinge", die am Anfang kaum ein „Scheunentor"
> treffen würden. Freilich braucht es zum Gewinnen
> noch viel Training. Teilnehmen an einem Wettkampf,

ohne dass alle über einen lachen, ist der erste Schritt zum sportlichen Erfolg!

Ich:

Hoffentlich nerve ich dich nicht zu sehr mit meinem Geschreibsel übers Schießen. Aber ich bin begeistert davon und irgendwo muss die Begeisterung raus.
Ist das Talent, wenn ich am Anfang so gut schieße? Das ist vielleicht eine dumme Frage, doch ich sollte es wissen. Wenn sie mit ja beantwortet wird, muss ich Gott fragen, ob ich etwas damit anfangen soll! Bin froh, wenn du sie ehrlich beantwortest.

Holger:

Ja, wenn du schon am Anfang gut schießt, wird das im Normalfall Talent sein. Allerdings bist du, Entschuldigung, schon zu „alt", um noch in die Weltliga aufzusteigen. Hätte man dein Talent bereits in der Jugend bemerkt, wer weiß, was aus dir geworden wäre.

Ich:

Vielen Dank für deine Antwort :) Der Aufstieg in die Weltliga ist nicht gerade mein Ziel ;) Bin ein wenig scheu und leide an Lampenfieber, wenn mir zu viele Leute zugucken. Doch ich weiss nicht, ob Gott mich das jetzt entdecken liess, um irgendeine Menschen-seele zu erreichen. Darum will ich gerne von ihm wissen, was ich weiter tun soll.
Das Ganze kommt für mich ein wenig unerwartet. Hätte nie gedacht, dass ich mich mit einem „neu" entdeckten Talent auseinandersetzen muss. Einem Schießclub beizutreten, kann ich mir im Moment noch nicht vorstellen. Vielleicht habe ich auch

falsche Vorstellungen davon :) Gott überrascht mich
immer wieder! Bin gespannt, wie es weitergeht.

Kurze Zeit später.

Ich:

Bekam schon eine Antwort.
Im Kalenderzettel, den ich jeden Tag lese, stand der
Vers aus Jesaja 40,9: Steig auf einen hohen Berg,
Jerusalem (hier setzte ich meinen Namen ein). Du
hast eine gute Nachricht zu verkünden. Ruf sie
mit lauter Stimme in die Welt hinaus! Ruf laut und
scheue dich nicht! Sag den Städten im Land Juda:
Seht, da kommt euer Gott!
Dazu habe ich in der persönlichen Bibellese Psalm
55 gelesen. Im Vers 23 steht: Überlasse alle deine
Sorgen dem HERRN! Er wird dich wieder aufrichten;
niemals lässt er den scheitern, der treu zu ihm steht!
Für mich ist das eine klare Antwort, dass ich mich
weiter mit dem Schießen beschäftigen soll. Was
dann daraus wird, ist nicht mein Problem. Und
wie ich so die Botschaft weitergeben kann, liegt in
Gottes Händen. Momentan freue ich mich nicht
so über diesen Auftrag. Er stresst mich eher. Sehr
wahrscheinlich gucke ich zu weit nach vorne und
bekomme dann Angst. Ich muss einfach lernen, im
Vertrauen auf Gott einen Schritt nach dem andern
zu machen.
Heute ist mir in den Sinn gekommen, dass ich
immer gesagt habe: Ich liebe die Herausforderung!
Gott hat mich beim Wort genommen – lach nicht
darüber. Im Moment würde ich am liebsten diesen
Auftrag „auf den Mond schießen ;)" Bin froh,
wenn du betest, dass ich ein Ja bekomme und voll
Vertrauen vorwärts gehen kann. Danke :)
Du bist sicher auch irgendwann dran mit deinem
Auftrag. Mal schauen, was Gott für dich bereithält.

Holger:

Ich weiß jetzt, was Gott von mir will, nämlich, dass ich dir das Schießen beibringe. Ich weiß nur nicht warum!
*DU warst als Christ so weit vom Schießen entfernt, wie man nur sein kann. Schon allein, weil Schießen immer gerne mit töten impliziert wird.*
*ICH war so weit vom Glauben entfernt, wie man nur sein kann. Schon allein deshalb, weil ich so oft enttäuscht wurde.*
*Du bringst mir gerade etwas bei, das bei mir schier unmöglich ist. Ich habe noch einen langen Weg vor mir. Wenngleich ich bereits Erfolge für mich verzeichnen konnte.*
*Ich bringe dir etwas bei, das bei dir schier unmöglich ist. Du hast ebenfalls noch einen langen Weg vor dir, wenngleich du bereits Erfolge für dich verzeichnen konntest.*
Es ist eine seltsame Symbiose!
Was passiert, ist mir klar – warum es passiert, verstehe ich noch nicht.

Ich:

Weißt du, warum ich Gottes Auftrag sofort erledige? Weil ich genau weiß, dass er immer wieder zu diesem Punkt zurückkommt, wenn ich ihn auf die lange Bank schiebe. Er gibt keinen neuen Auftrag! Gott sagt nicht: „Ach, das ist viel zu stressig für die Renate, ich ziehe den Auftrag zurück." Nein, er wartet einfach, BIS ich ihn ausführe. Da nützt alles Sträuben nichts. Der Befehl ist ausgesprochen. So einfach oder so schwierig kann das Leben sein. Doch Gott ist treu. Er wird mich niemals im Regen stehen lassen. Er hat zugesagt, dass er mir helfen wird. Ich will ihm vertrauen, auch wenn es mich sehr viel Mut kostet!
Heute hatte ich den Eindruck, dass ich im Internet mal Schießen nachschlagen sollte. Da habe ich gemerkt, dass ich mit meinen 44 Jahren schon bald

zu den Senioren gehören werde :) Menschlich gesehen ist es ein wenig verrückt, dass ich jetzt noch anfange mit Schießen. Doch ich bin sicher, dass Gott weiß, was er macht!

Mit meinem Auftrag komme ich mir im Moment vor wie Noah in der Bibel. Er baute 120 Jahre an der Arche. Vorher regnete es noch nie auf der Erde. Keine Ahnung, ob ihn manchmal Zweifel plagten, ob er das Richtige tut. Doch er arbeitete mutig weiter. Die Menschen um ihn herum lachten ihn aus. Doch er stellte den Bau fertig und erlebte Gott auf unglaubliche Weise!

Solange ich keinen anderen Befehl erhalte, werde ich weiter meine Schießübungen ausführen. Obwohl ich keine Ahnung habe, was der Sinn davon ist. Im Moment weiß bei mir ja keiner, dass ich einen Auftrag habe, außer die Leute, die ich informiere. Als ich meinem Mann eröffnete, dass ich Talent besitze und Gott das vielleicht brauchen möchte, erwiderte er nur, dass das vielleicht Zufall sein könnte und Gott vielleicht nichts damit anfangen möchte.

Ich glaube nicht an Zufälle! Denn nichts in der Schöpfung ist aus Zufall entstanden. Gott plante alles perfekt. Und wenn er SEINE Pläne entfaltet, schaue ich unweigerlich immer wieder in ehrfürchtiger Bewunderung zu ihm auf!

Wenn ich später einem Schießclub beitreten möchte, wird Peter mir keine Steine in den Weg legen.

Lasst uns mutig vorwärts gehen mit unseren Aufträgen! Wie ich, noch versteckt im Keller :)

*Was wäre wohl passiert, wenn ich mich geweigert hätte, ein Internetspiel anzufangen, weil es total GEGEN meine Überzeugung war??? Dann wären wir beide uns sehr wahrscheinlich NIE begegnet!*

Schon wieder neigte sich das Jahr dem Ende zu und wir standen an der Schwelle zum Jahr 2018. Wie im Jahr zuvor erlaubte ich mir, für Holger ein Silvesterlos zu ziehen. Es lautete:

Nähme ich Flügel der Morgenröte und bliebe am äußersten Meer, so würde auch dort deine Hand mich führen. Psalm 139,9–10.

Laut Holger traf dieser Bibelvers voll ins Schwarze. Mit guten Wünschen für das neue Jahr verabschiedeten wir uns voneinander.

Das „Verstecken spielen" beim Schießen im Keller hatte irgendwann mal ein Ende. Nun musste ich mich exponieren und den Sprung ins kalte Wasser wagen. Somit meldete ich mich bei den Stadtschützen Bern für ein Probeschießen an. Im Januar 2018 wurde ich im Schießkeller erwartet. Ist alles, was ich mit Holgers Hilfe eingeübt hatte, korrekt? Oder bin ich ganz auf der „falschen Bahn" beim Schießen? Das Schießen lernen angehende Schützen normalerweise nicht, indem sie miteinander schreiben. Zuerst studieren sie mit ihrem Ausbilder zusammen die Theorie und gehen in der Folgezeit auf den Schießstand und setzen es in die Praxis um. Die Stunde der Wahrheit hatte geschlagen.

An diesem für mich unvergesslichen Tag erhielt ich in meinem immerwährenden Kalender eine treffende Tageslosung. Die Überschrift lautete: *Handle – auch wenn du Angst hast!* Der dazu gehörige Bibelvers war noch verheißungsvoller: *Dein Leben lang wird niemand dich besiegen können. Denn ich bin bei dir, so wie ich mit Mose gewesen bin. Ich lasse dich nicht im Stich, nie wende ich mich von dir ab.* Josua 1,5. Das war echt eine coole Ermutigung!

Im Vorfeld bat ich Holger und Peter, für diesen ersten Abend im Schießklub zu beten.

Ich:

Habe es gut überlebt :)

Ein riesiges Kompliment geht an dich, Holger! Du hast deinen Auftrag von Gott mit Bravour gemeistert! Der Verantwortliche musste nichts korrigieren. Alles war so, wie es sein sollte. Von mir aus gesehen ist das ein Wunder Gottes, da ich ja nur durch schriftliche Kommunikation alles richtig eingeübt hatte!

Das gute Schießen ist ganz klar eine Gabe von Gott! Ich habe das Gefühl, dass es in meinem Leben sehr wichtig ist, das auch meinem Umfeld so zu vermitteln. Denn die Menschen um uns herum spüren sehr gut, wie wir sind, oder anders gesagt, aus welcher Motivation wir schießen. Könntest du bitte beten helfen, dass ich demütig bleiben kann und Gott immer größer wird. Danke :)

Die nächsten Tage „spielte" ich gedanklich noch mal meinen ersten Abend im Schießclub durch. Da fiel mir plötzlich auf, dass Gott an diesem Abend deine Gebete erhört hatte. Die ganze Zeit erfüllte mich ein unnatürlicher Frieden. Zuerst gab es eine Einführung, dann ein paar Probeschüsse, um das Visier gut einzustellen. Danach war mein erster Schuss ein Zehner, also voll in der Mitte. Ich verzog keine Miene und verhielt mich so, als sei dieser Treffer das Normalste der Welt. Die Luftpistole wurde wieder geladen und ich schoss weiter und zwar sehr gut!!! Die ganze Zeit war ich vollkommen ruhig. Einer schaute mir noch zu. Das würde mich normalerweise stressen und ich wäre aus lauter Nervosität nicht mehr in der Lage, gut zu schießen. Aber an diesem Abend war alles anders! Krass, wenn ich mir das im Nachhinein überlege. Nochmals vielen Dank für deine Gebete!

Holger:

Da war so viel zu erklären, zu korrigieren, zu sagen über das Schießen.

Gerade schrieb ich eine Menge und nichts mehr ist da. Ich war mir ganz ganz sicher, dass ich überprüft hatte, ob ich auch auf „senden" drückte. Jetzt ist alles weg!

Vorhin bat ich Gott um ein Zeichen, wie wir beide unsere Beziehung weiter gestalten sollen. Soll ich dir nur schreiben oder ist etwas anderes dran? Das wird wohl die Antwort gewesen sein. Ich soll nicht nur schreiben, sondern direkt mit dir reden. Das ist das, was ich verstanden habe.

Am Samstagnachmittag (nur wenn ihr damit einverstanden seid) gehen wir auf einen 25 Meter Pistolen-Schießstand. Dort werde ich dir in 60–90 Minuten direkt einiges über das Schießen beibringen, das ich dir hier offensichtlich durch Gottes Willen ONLINE nicht tun soll. Die Kosten übernehme ich!

Wenn ihr keine Vegetarier seid (wenn doch – auch egal, aber Enttäuschung pur), gehen wir danach in ein kleines Restaurant in unserem Revier, um von mir erlegtes Wild oder was ihr wollt zu genießen. Dort seid ihr herzlich von mir eingeladen!

Ich:

Hi Holger!
Vielen Dank für die Mühe, die du dir machst, um mir alles über das Schießen so gut zu erklären. Ich schätze das enorm!
Bin im Moment ganz gerührt über das, was du geschrieben hast. Mit dir zu einem Schießstand zu gehen, war ein Wunsch, der tief in meinem Herzen schlummerte. Sehr wahrscheinlich hätte ich nicht den Mut gehabt, ihn zu äußern. Gott kennt zum Glück auch unsere tiefsten Wünsche und Gedanken und erfüllt sie sogar, ohne dass ich mich darum bemühe! Einfach grandios so ein Gott! Bin immer noch ein bisschen am Heulen, weil ich so gerührt bin über Gottes Fürsorge. Irgendwie ist Gott das Schießen schon sehr wichtig, sonst würde er im

Zusammenhang damit nicht so viele Wunder vollbringen.

Mit meinem Mann habe ich noch nicht geredet, aber ich denke nicht, dass er etwas dagegen hat. Er schätzt feines Essen sehr, besonders Fleisch!! Von uns ist keiner Vegetarier. Ich freue mich, Wild zu essen, das du erlegt hast.

Dein Plan hört sich sehr gut an! Schade, dass wir noch so lange auf den vereinbarten Termin warten müssen.

Holger, ich habe gestaunt, wie gut du schon auf die Stimme Gottes hören kannst. Da bist du vielen Christen weit voraus!

## Holger:

Ich fand es eigentlich dumm, aber irgendetwas in mir sagte immer wieder: „Mach das!" Ich finde es immer noch dumm. Wir sehen uns das erste Mal im Leben und gehen auf den Schießstand?

# Aha-Erlebnis

Ich:

> Ich BIN ein blutiger Anfänger im Schießen! Das
> heißt, ich fühle mich noch unsicher und weiß nicht
> so recht, ob mein Training sinnvoll und hilfreich
> ist. Zudem werde ich oft überschätzt, weil ich sehr
> gut schieße. Eigentlich wäre ich sehr froh für Hilfe,
> Coaching und Ratschläge. Wie ein Kleinkind, das
> Laufen lernt und am Anfang noch die starke Hand
> des Vaters nötig hat, um sich sicher zu fühlen,
> wäre ich froh für jemanden, der mich auf dem Weg
> begleitet. Du kannst mir Inputs geben und mir bei
> Fragen helfen, aber schlussendlich bist du zu weit
> weg. Wäre froh, wenn du beten könntest, dass ich
> hier jemanden finde. Danke :)
> In deinem Leben ist es genau gleich. Du hast erst
> vor Kurzem Jesus kennengelernt, machst die
> ersten Schritte. Ich denke, dass du dich manchmal
> unsicher fühlst und vieles noch nicht verstehst. Für
> dich wäre es auch sehr hilfreich, wenn du einen
> Christen in deiner Nähe kennen würdest, mit dem
> du dich austauschen könntest, mit dem du die Bibel
> lesen könntest usw. Ich denke, dass dich das weiter-
> bringen würde im Glauben. Ich bin leider auch zu
> weit weg, um das zu machen. :)

An Holgers Reaktion merkte ich, dass er nach diesem Abschnitt beinahe einen Freudentanz aufgeführt hatte und sehr erleichtert war, dass ich endlich kapiert habe, wie es sich als frisch gebackener Christ anfühlt.

Ich:

> Habe wohl wieder mal einen Zehner geschossen
> mit meinen Aussagen :) Heißt das, dass du dich als
> Christ genauso fühlst wie ich beim Schießen?

Holger:

> Jetzt hast du's verstanden!
> Keine Ahnung, ob Gott dir die Luftpistole in die
> Hand gedrückt hatte, um dir einen „Zugang" zu mir
> zu ermöglichen, weil er mich einfach nicht aufgeben
> wollte. Ich bin ganz am Anfang und habe gerade erst
> angefangen, etwas vom Glauben anzunehmen. Bis
> ich Gott voll vertrauen oder mich ihm ganz hingeben
> kann, ist es noch ein weiter Weg! Genauso wie bei dir
> beim Schießen. Nur weil du ab und an einen Zehner
> triffst, bist du noch kein Profi. Und nur weil ich ab
> und an für andere bete (*ich habe noch nicht für mich
> selbst gebetet*), bin ich noch kein „Heiliger".
> Wir beide haben noch einen sehr langen Weg vor
> uns. Ich freue mich schon auf unser Treffen!

Ich:

> Ich finde es sehr spannend von Gott, dass er mich
> genau in die gleiche Situation geführt hat, nur in
> einem anderen Kontext. So kann ich spüren und
> merken, wie du fühlst, wie es dir geht. Ja, es hat
> lange gedauert, bis ich endlich kapiert habe, wie
> es jemandem geht, der neu zum Glauben an Jesus
> Christus gefunden hat.
> Ein Grund, warum ich schießen lernen musste, bist
> sehr wahrscheinlich du. Doch ich denke, dass es
> noch viele andere Gründe gibt. Die sehen wir nur
> noch nicht.

Wie ging es weiter mit Schießen? Am Anfang schoss ich außergewöhnlich gut. Jedes Mal ein bisschen besser. So machte es Spaß und ich übte auch viel zu Hause im Keller mit der Luftpistole. Wenn es so weitergegangen wäre, wäre es gut möglich gewesen, dass ich mal zur Schweizermeisterschaft gegangen wäre, trotz meines fortgeschrittenen Alters. :)

Doch Gott erhörte mein Gebet. Er schaute, dass ich schön demütig und auf dem Boden blieb.

Plötzlich gab es einen „Einbruch" und ich schoss einfach noch auf einem normal hohen Niveau. Dann fängt die Arbeit an. Wenn man nicht mehr von einem Erfolg zum andern schwebt, heißt es trotzdem weitermachen. Jemanden vom Schießclub, zu dem ich Vertrauen fasste, fragte ich, ob er mich ein wenig coachen könnte. Er unterstützte mich sehr gerne. Bei ihm absolvierte ich dann auch einen Pistoleneinführungskurs.

Da man nur im Winter Luftpistole schießt, übte ich während der Sommermonate mit der Pistole. Denn ich lernte in der Zwischenzeit sehr viele hilfsbereite und lebensfrohe Schützen kennen. Mir war es wichtig, den Kontakt mit ihnen aufrechtzuerhalten.

Ein neu entdecktes Talent ist bei mir zum Vorschein gekommen, als Gott SEINE Pläne entfaltete. Welche unerwarteten Führungen wird es noch geben?

■ ■ ■

Da ich jetzt wusste, in welcher Ecke von Deutschland Holger wohnt, probierte ich, ihm einen Christen zur Seite zu stellen, der ihn unterstützt. Doch das wurde von Holger nicht zugelassen.

Aber Gott schickte Holger zur richtigen Zeit einen anderen „Helfer."

Holger:

> Wir bereiteten im Garten einen Braten in einer Kasserolle zu wegen dem Holzofen und dem Räucheraroma. Mit dem Auto transportierten wir ihn nach Hause. In der einen Hand hielt ich den Braten in der Box, während ich mit der anderen Hand die Heckklappe öffnete, um den Hund rauszulassen. Ich hatte eine kleine Umhängetasche dabei. Da

war eine Pistole drin, denn ich kam gerade vom Schießtraining.

Als ich die Heckklappe schließen wollte, „rempelte" mich ein Fahrradfahrer mit voller Wucht an, da er sehr dicht am Auto vorbeiraste. Die Box kippte und fast wäre der Braten auf die Straße gefallen. Ich rief empört: „Pass doch auf, du Idiot!" Er schrie zurück: „Halt die Klappe, Alter!"

Ich stellte die Box auf der Fahrbahn ab und rannte hinterher. Es ging bergauf und ich konnte ihn einholen. Als ich nur noch 20 bis 25 Meter von ihm entfernt war, schrie ich: „Jetzt wirst du sterben!" und griff nach der Waffe.

Da flog mein Hund an mir vorbei und holte den Fahrer vom Rad. Er zerrte ihn heftig am Kittel. Der Fahrradfahrer jammerte nur und sagte: „Okay, dann bring mich halt um." Doch ich hatte auf einmal gar keinen Wunsch mehr, ihm etwas anzutun.

Zwei Tage später klingelte er an unserer Tür und entschuldigte sich für sein Benehmen.

Irgendwie macht mich das bis heute noch sprachlos. Wenn der Hund nicht plötzlich da gewesen wäre, hätte ich sicher eine große Dummheit begangen.

Sogar Hunde können im Auftrag Gottes unterwegs sein!

■ ■ ■

Eine einschneidende Veränderung zeichnete sich in Holgers Leben ab. Das Haus, in dem er seit vielen Jahren als Mieter gewohnt hatte, wurde zum Verkauf ausgeschrieben. Eine ganze Menge Kaufinteressenten marschierten durch das Haus. Er war fieberhaft auf der Suche nach einer bezahlbaren Mietwohnung in seiner Umgebung. Doch die waren rar.

■ ■ ■

Holger:

Gestern hatte ich einen tollen Tag im Garten. Endlich einmal nichts zu tun. Trotzdem gab es abends und nachts Tränen. Im Gespräch mit meiner Frau machte ich geltend, dass ich sicher in die Hölle komme und wir uns dann nicht mehr sehen werden. Denn sie komme sicher in den Himmel.

Meine Frau meinte, dass ich in meinem Leben aber schon so viel Gutes getan hätte, dass das die schlechten Taten aufheben würde und ich ohnehin im Herzen kein schlechter Mensch sei. Ihr gegenüber äußerte ich meine Bedenken, dass ein paar gute Taten nicht die Sünden tilgen, die ich begangen habe. Du musst wissen, dass ich so manches Üble auf diesem Planeten verübt habe. Meine erste Frau war oft dabei, wenn ich im Zorn andere Leute halb totgeschlagen habe. Bis ich meine heutige Frau kennengelernt habe und noch ein paar Jahre länger war ich eine Plage für die Menschheit. Heute habe ich viele Freunde, aber es gibt ebenso viele Menschen, die mich lieber tot als auf der Straße sehen möchten. Ich hasse, was aus mir geworden ist. Obwohl ich ein wenig stolz darauf bin, was ich bis jetzt erreicht habe, zerrt doch die Vergangenheit ständig an mir.

In einer längeren Mail erklärte ich Holger, dass gute Taten leider kein Weg sind, um in den Himmel zu kommen. Denn die Bibel sagt, dass ALLE Menschen von Geburt an schuldig vor Gott sind. Die einzige Lösung ist, anzunehmen und zu glauben, was Jesus für uns am Kreuz getan hat.

# Erster Besuch bei Holger

Endlich war der Tag da, an dem wir uns für den Besuch bei Holger aufmachten. Voller Vorfreude reisten wir schon am Vortag in die Nähe und übernachteten bei Bekannten. Am nächsten Tag, nach einem feinen Mittagessen, stieg die Spannung. Unser Treffpunkt befand sich bei dem kleinen Restaurant, wo wir später das Abendessen einnehmen würden. Dort ließen wir unser CH-Auto stehen und stiegen nach der gegenseitigen Begrüßung in Holgers Auto um. Über verschiedene Nebenstraßen fuhren wir zu einem Revier, wo er manchmal auf die Jagd ging. Die Sonne ließ den Wald in einem frühlingshaften Hellgrün erstrahlen. In gemächlichem Tempo spazierten wir durch den Wald und lernten uns etwas besser kennen. Einmal machte er uns auf ein Reh aufmerksam, das wir selbst nie gesehen hätten.

Bei einem Graben neben der Straße mit einem undurchdringlichen Dickicht erzählte er uns eine Jagdgeschichte:

Mit einer größeren Gruppe waren sie auf der Jagd. Ein Jäger hatte auf ein Wildschwein geschossen, aber nicht gut getroffen. Sie sahen noch, wie das Wildschwein in dieses Gestrüpp rannte. Da es dunkel war, wussten sie nicht so genau, wo es sich versteckte. Der betreffende Jäger fragte Holger, ob er seine Pistole benützen könne, weil diese eine größere Durchschlagskraft hatte als seine. Der Jäger ging vorsichtig in die Richtung, in der sie das Wildschwein vermuteten. Langsam pirschte er sich an. Unerwartet rutschte er plötzlich in diesen Wassergraben, der wegen der Dunkelheit nicht zu sehen war. Sein Schreck war groß, als ihm nach seiner Landung die Wildsau gegen die Brust sprang. Der Jäger feuerte das ganze Magazin (13 Schuss) auf das Wildschwein ab, denn so ein Angriff ist sehr gefährlich. Jedenfalls war es nachher tot. Den immer noch vor Schreck „schlotternden" Kollegen zogen sie aus dem Graben heraus. Dieses Erlebnis wird dieser Jäger nicht so schnell vergessen.

Da es nachher noch zu früh war, um auf den Schießstand zu gehen, fuhren wir mit dem Auto zum Schrebergarten von Holger und tranken etwas Erfrischendes. Dort gab Peter Holger einen Einblick in das Leben in PNG. Fahren auf den gefährlichen oder rutschigen Buschstraßen gehörte oft zu Peters Aufgaben:

So kam Peter einmal zu einer Brücke, die nur noch aus zwei Baumstämmen bestand. Die quer liegenden Bretter, die normalerweise die Straße gebildet hätten, waren weg. Die Einheimischen hatten sie einfach mit nach Hause genommen, um ihre Häuser auszubessern oder das Feuer zu nähren. Das benötigte für ihn tüchtig Mut und Fingerspitzengefühl, um ohne runterzufallen, auf die andere Seite zu gelangen.

Ein anderes Mal bestand die Straße aus einem Meter tiefem Schlamm, ganze zwanzig Meter lang. Ein Umweg war nicht möglich. Die Einheimischen waren gerade dabei, die Straße zu reparieren. Einem Wagen von der Regierung hätten sie nicht geholfen, durch dieses Schlamassel zu kommen, weil sie die schlechten Straßen der Korruption zu verdanken hatten. Doch als sie sahen, dass wir einer Kirche angehörten, schoben uns viele helfende Hände durch diesen matschigen Straßenabschnitt. Da ich nicht wusste, ob das Auto es schaffen würde, bin ich ausgestiegen und zu Fuß gegangen. Wenn es zu dieser Zeit schon ein Mobiltelefon gegeben hätte, wäre diese spannende Szene sicher als Video verfügbar.

Wenn noch Platz vorhanden war auf dem Fahrzeug, wurden Passagiere mitgenommen, die am Straßenrand auf eine Mitfahrgelegenheit warteten. Zuerst wurde das „Gepäck" entgegengenommen. Hoppla! Peter fiel beinahe aus dem Lastwagen, als er das extrem schwere Bilum (Tragtasche) der Frau auf den LKW hieven wollte, und dann wurde noch ein Käfig mit lebenden Hühnern hochgereicht.

Die Fracht war oft recht ungewöhnlich. In der Stadt kauften die Leute vieles ein, um es in ihre Dörfer zu transportieren. Denn das war für sie die einzige Einkaufsmöglichkeit. Da konnte es vorkommen, dass ein Mütterchen auf dem Sarg saß der eingekauft wurde, um sie später, nach ihrem bald zu erwartenden Hinscheiden, zu beerdigen.

Wenn es regnete, war die Erde des „Straßenbelags" schmierig und rutschig. Peter war schon fast am Ziel. Die Straße endete dort am Ufer des Flusses und die Fracht musste für den Weitertransport in ein Kanu umgeladen werden. Er rutschte mit dem Auto an den Rand der Fahrrinne, und ein Mann, der plötzlich aus dem Unterholz kam, wurde mit Schlamm bespritzt. Im Rückspiegel sah Peter, wie der Mann wütend einen Stein vom Boden aufhob. Schnell fuhr er die letzten paar Meter zur Anlegestelle des Kanus und entfernte sich vom Auto, sodass es nicht getroffen wurde. Voller Wut warf der Mann einen Stein in seine Richtung. Zum Glück konnte Peter ausweichen. Nachher ließ sich der Mann schnell wieder besänftigen, da seine Wut nach dem Wurf verraucht war.

■ ■ ■

Nun war es Zeit, auf den Schießstand zu gehen. Holger hatte viel Material im Auto, das hochgeschleppt werden musste. Peter und ich durften auf dem 25 m Schießstand verschiedene Waffen und Munitionen ausprobieren. Die kleinste Waffe war eine Kleinkaliber-Pistole, die im Vergleich zu den anderen Waffen ein winziges Loch schoss. Die größte war ein 2 kg schwerer 345er Magnum-Revolver mit Zielfernrohr. Mit dieser Waffe hatte er schon viele Meisterschaften gewonnen. Für mich war er viel zu schwer, ich konnte ihn kaum ruhig und in der richtigen Position halten. :)

Im Restaurant warteten dann kulinarische Leckerbissen auf uns: Reh- und Wildschwein Medaillons, Reh- und Wildschweinbraten. Dazu leckere Spätzle, Rotkraut und eine feine Pilzsauce.

Peter sprach noch ein Tischgebet, dann konnten wir beginnen. Alles war in Hülle und Fülle vorhanden. Es war ein Gaumenschmaus, das einheimische Wild zu essen und die feinen Zutaten zu genießen. Nun erkundigte sich Holger, warum wir nach PNG gegangen seien.

Ganz kurz streiften wir Peters Kindheit:

Aufgewachsen ist Peter in einem heimeligen Ort, wo Fuchs und Hase sich gute Nacht sagen, als Ältester von sechs Kindern. Er trat in die Fußstapfen seines Vaters und lernte LKW-Fahrer. Sein Beruf gefiel ihm sehr gut. Der markante Duft von Heizöl und Benzin begleiteten ihn auf der Arbeit. Regelmäßig ging er in die Freikirche, die seine Familie besuchte. Sogar im Männerchor sang er mit.

Immer wieder erhielten die Mitglieder der Kirche Informationen von den Missionaren, die sie nach PNG ausgesandt hatten. Die Geschichten, die sie da hörten, waren oft sehr spannend, unbegreiflich und exotisch. Wie kam es dazu, dass unsere Kirche Leute nach PNG gesendet hatte? Dieses Land liegt nicht gerade vor unserer Haustüre.

In den fünfziger Jahren suchten die Leiter unserer Kirche nach einem Land, in welches sie Missionare senden könnten. Durch eine Vision des Präsidenten wurde klar, dass dieses Land PNG sein soll. So sind die ersten Missionare nach einer intensiven Vorbereitungszeit mit dem Schiff nach PNG ausgereist und fingen dort eine Arbeit an. Am Anfang lag der Hauptschwerpunkt der Arbeit in Entwicklungshilfe und Englischunterricht. Denn die Menschen damals lebten immer noch mehr oder weniger in der Steinzeit. Animismus (Geisterglaube) war sehr präsent und viele Einheimische fürchteten sich sehr vor diesen Mächten. Stammeskriege brachen immer wieder aus, die schlimme Verletzungen zur Folge hatten. Sie wurden verursacht durch Pfeile mit Widerhaken, die sie selbst angefertigt hatten. Selbst angepflanzte Drogen, selbst gegorener Alkohol und die vielfältigen Tropenkrankheiten zerstörten viele Leben dauerhaft. Im Reiseprospekt würde PNG als unberührte, exotische Idylle angepriesen werden. Doch wenn wir näher hinschauten, war viel Leid und Not vorhanden.

Jetzt, mehr als siebzig Jahre später, existiert in PNG eine Tochterkirche, die um ein Vielfaches größer ist als die Mutterkirche in der Schweiz. Haben wir die Einheimischen mit Geld „geschmiert", sodass sie zu uns in die Kirche kommen? Haben wir einfach gnadenlos ihr Land aufgekauft und ihnen keine Wahl gelassen, als sich unserer Kirche anzuschließen? Oder haben wir sie von uns finanziell abhängig gemacht?

*Nein, die Botschaft der Bibel*
*führte die Menschen in eine nie geahnte Freiheit.*
*Frieden hielt Einzug in den Herzen der Menschen,*
*sowie auch in den Dörfern.*
*Die erlebbare Allmacht Gottes*
*vertrieb die omnipräsente Angst vor den bösen Geistern*
*wie Licht die Finsternis vertreibt!*

Warum reiste Peter als LKW-Fahrer um den halben Erdball und half dort mit bei der Arbeit?

Eines Abends nahm Peter in der Kirche das Informationsblatt zur Hand, das von Leuten unserer Kirche berichtete, die in Übersee arbeiteten. Auf der letzten Seite der Broschüre waren die Kleinanzeigen. Dort wurde eine Arbeitskraft für PNG Wewak (tropische Stadt an der Küste) gesucht. Seine Aufgabe wäre, die Kinder der Schweizer Familie vor Ort in einem deutschen Fernschulprogramm zu unterrichten. Das Ziel war, die Familien zu unterstützen, sodass sie mehr Zeit hätten für ihre vielfältigen Aufgaben. Als Peter das las, traf es ihn wie einen Blitz. Er wusste genau, dass Gott ihn in naher Zukunft dort haben wollte. Darum meldete er sich bei der zuständigen Stelle und erklärte ihnen, dass er gerne die Stelle in Wewak PNG antreten möchte. Verschiedene Vorbereitungen mussten noch getroffen werden, wie zum Beispiel Englisch zu lernen, Impfungen machen zu lassen und fünf Wochen die Bibelschule zu besuchen. Das Datum für die

Ausreise wurde gesetzt, das Visum beantragt und die Flüge gebucht.

Die gute (menschliche) Planung wurde leider durch einen Unfall zunichte gemacht, der Peter zustieß. Sogar die Presse berichtete in einem kleinen Artikel in einer Lokalzeitung davon:

*Mann mit Hut und einer Pfeife im Mund*
*hat versehentlich einen jungen Mann angefahren,*
*der ihm beim Parkieren helfen wollte.*
*Der Verletzte musste mit der Ambulanz*
*ins Krankenhaus gefahren werden.*

Der Hut und die Pfeife im Zeitungsartikel sind frei erfunden. Doch Peter holte sich einen Oberschenkelbruch, als sein Bein durch menschliches Versagen zwischen Auto und Mauer eingequetscht wurde. Da das Metall, das den Bruch stabilisieren sollte, bei der Operation nicht richtig montiert wurde, verursachte es ihm Schmerzen. Deshalb musste es vorzeitig entfernt werden. Peter wollte in ein Drittwelt-Land ausreisen, wo eine gute gesundheitliche Versorgung nicht gewährleistet war. Darum verlangte der Arzt, dass die Ausreise nach PNG um ein paar Monate verschoben werden muss. Warum das alles?

*Weil Gott SEINEN Plan perfekt im Griff hat!*

Die Fortsetzung der Geschichte verschoben wir auf ein anderes Mal, da wir alle sehr müde waren und Peter und ich noch eine weite Heimreise vor uns hatten. Dieser gemeinsame Nachmittag war ein gelungener Start für unsere Beziehung im „echten" Leben.

Nach unserem ersten Besuch bei Holger erschütterte wieder mal ein dramatisches Ereignis sein Leben. Eine eng befreundete Familie war betroffen. Das Leben beider Familien war eng miteinander verknüpft. Sie feierten zusammen Geburtstage und Weihnachten und verbrachten die Urlaube miteinander. Während der Woche besuchte Holger oft den Opa der Familie. Opas Familie besteht aus einer verheirateten Tochter und einem Enkelsohn.

# Opa

Holger:

Opa ist jetzt uralt. Er überlebte den Krieg, den Kessel in Stalingrad, die Gefangenschaft in Russland und die Zwangsarbeit in französischen Arbeitslagern. Nach dem Krieg arbeitete er sich hoch zu den bedeutendsten Firmenchefs Deutschlands. Er erreichte so viel, obwohl er keinen Schulabschluss vorweisen konnte. Sein einziger Wunsch war immer: *Von mir soll etwas bleiben, für all das Schlimme, das ich im zweiten Weltkrieg durchgemacht habe.*
Liebe Renate, das Schicksal hat uns wieder einmal hart getroffen. Der Enkel von Opa ist tot! Er wurde nur 29 Jahre alt. Mit fünf Jahren wurde er adoptiert. In der Schule war er immer ein fleißiger Junge. Manchmal hänselten ihn die Mitschüler, weil er gar keine richtigen Eltern hatte. Da sagte er einmal: „Na und? Ich konnte mir meine Eltern wenigstens aussuchen. Ihr müsst die nehmen, die ihr habt!"
Er absolvierte bewusst zwei Ausbildungen. Dann studierte er Ingenieur und schloss mit Bestnoten ab. Er war sehr gebildet und beliebt bei allen um ihn herum. Porsche unterbreitete ihm von sich aus ein Topangebot für einen Job. Er hätte eine wundervolle blühende Zukunft vor sich gehabt.
Da kommt ihm auf gerader Strecke ein Lieferwagen entgegen. Der Fahrer drückt am Telefon rum, verliert die Kontrolle über sein Fahrzeug und fährt ihm frontal ins Auto. Das alles ging so schnell und unvermittelt, dass drei weitere Fahrzeuge nicht mehr reagieren konnten und ebenfalls in den Unfall verwickelt wurden.
Alle sind schwerstverletzt, nur der Enkel von Opa ist tot! Das ist alles so entsetzlich! Wir sind alle seit gestern Morgen nur noch am Weinen. Er hinterlässt so eine große Lücke. Er war ein Einzelkind.

Opa ist rasend vor Zorn auf den Herrn, an den er schon lange nicht mehr glaubt. Heute Mittag fahren wir zusammen ins Leichenschauhaus. Dort werden wir dann die Eltern treffen.

Warum lässt Gott so was zu??? Warum tut er das uns und der ganzen Familie an?

Ich:

Lieber Holger
Das ist ja schrecklich!!! Es tut mir leid, dass ihr schon wieder einen Todesfall zu beklagen habt. Ja, wenn jemand in der Blüte seines Lebens von uns gerissen wird, hinterlässt das eine klaffende Wunde, die noch lange schmerzt. Ehrlich gesagt verstehe ich Gott auch nicht. Doch ich werde oft im Gebet an dich und deine Familie plus Opa und seine Familie denken.

Holger:

Wir sind wieder daheim. Es ist unbeschreiblich schrecklich, einen so lebenslustigen und frohen Menschen so entstellt auf der Bahre zu sehen. Ich glaube, ich kriege das Schreien seiner Mutter nie mehr aus meinem Kopf!
Wir haben nicht viel geschlafen und sind furchtbar müde. In solchen Momenten fällt es schwer, den Glauben zu bewahren oder zu finden.

Ich:

Darf ich dir noch eine wahre Geschichte erzählen? Der Sohn war seinen Eltern immer gehorsam. Er tat nur Gutes, heilte alle Kranken, die zu ihm kamen. Er tat nichts Böses sein Leben lang. Er war der perfekte Sohn! Was wurde aus ihm?

Er starb im Alter von 33 Jahren. Nicht eines natürlichen Todes, nein. Er wurde auf grausamste Weise aus dem Leben gerissen. Bei seiner Beerdigung konnte man jede Rippe von ihm zählen, sein Rücken war völlig zerschlagen. Jemand schreibt, dass sie wegschauen mussten, weil er so furchtbar zugerichtet war.

Was war passiert? Pilatus hatte ihn ohne Grund zum Tod verurteilt. Zum Tod am Kreuz. Vorher ließ er ihn noch auspeitschen und schlug eine Dornenkrone auf seinen Kopf. Dann wurde er mitten zwischen Verbrechern gekreuzigt und starb einen qualvollen Tod.

Was hat sein Vater gemacht, um ihn zu retten? NICHTS!!!

Er schaute zu. Obwohl er alle Macht gehabt hätte, um ihn vom Tod zu erretten!

Der Vater ist der Gott der Bibel. Weißt du, warum er das zugelassen hat? Warum er zugeschaut und nicht eingegriffen hat?

Weil das der einzige Weg war, um für die Schuld der ganzen Menschheit zu bezahlen. Er weiß genau, wie es sich anfühlt, einen Sohn im besten Alter zu verlieren.

Holger:

Deine Worte trösten ein wenig, aber „befreien" können sie mich nicht. Daran werden wir noch lange zu kauen haben. Der Vorfall rief mir wieder ins Bewusstsein, wie schnell ein Leben zu Ende gehen kann. Er holte mir den Tod von meiner lieben Judith und meinem Sohn Stefan wieder voll ins Bewusstsein und macht mir Angst um meine jetzigen Kinder! Opa geht es sehr schlecht. Sein Enkel war alles für ihn! Ich bin sein aller-allerbester Freund. *Doch sein Enkel war seine Zukunft!*

Ich:

> Ich bin mir voll bewusst, dass Worte in so einer
> Situation nicht trösten können. Zudem ahnte ich,
> dass du wieder an den Tod von Judith und Stefan
> erinnert wirst. Wenn du Opa irgendwie helfen
> willst, bete ganz intensiv für ihn. Ich werde es auch
> tun, für euch alle, aber besonders für Opa.

In der Zwischenzeit schickte Holger mir das Datum und die Zeit der Beerdigung. So konnte ich diesen Termin notieren.

Während dieser schwierigen Zeit hatte ich das Gefühl, dass ich Opa einen Beileidsbrief schicken sollte. Ein kühner Gedanke! Ja, ich sollte einer wildfremden Person, die von Gott absolut nichts wissen will, die sich in einer extremen Lebenssituation befindet, irgendetwas Sinnvolles schreiben, das nicht verletzt und doch gelesen wird. Das war Herausforderung pur! Da ich weder Name noch Adresse kannte, musste ich Holger bitten, den Brief zu überbringen.

Ich:

> Guten Morgen, Geliebter Gottes :)
> habe noch einen Beileidsbrief für dich und Opa auf
> die Post gebracht. Hoffe, dass du bereit bist, ihn
> Opa zu geben. Kannst ihn ruhig vorher lesen, damit
> du weißt, was ich geschrieben habe :)
> Opa braucht mir nicht zurückzuschreiben.

Holger:

> Danke!
> Wir weinten heute wieder sehr viel. Ein treuer
> Kollege von mir, der mir viel im Garten hilft, hat eine
> Tochter. Mit ihr haben wir schon über vieles geredet,
> aber nie über Gott.
> Heute eröffnete sie mir, dass sie von Opas Enkel
> gehört habe und mit mir reden möchte. Es ging um

Gott, Jesus und was ihr der Glaube bedeutet. Ich war völlig platt. Ich habe das all die Jahre, seit wir einander kennen, nie gesehen. Sie sprach heute so mit mir, wie du mir sonst schreibst. Ich bin verwirrt. Ich möchte so gerne glauben. Warum fällt es mir so schwer, Gott zu vertrauen? Warum schickt Gott mir jemanden direkt vor der Beisetzung vor die Türe? Gibt es ihn wirklich? Hört er mich? Sieht er, wie verzweifelt wir sind?

Ich:

Seit der Enkel von Opa gestorben ist, bete ich dafür, dass Gott sich dir zeigt und dass du Menschen in deiner Nähe findest, die auch Christen sind.
Hast du den Brief schon bekommen?

Holger:

Ja, habe ich. Beim nächsten Besuch werde ich Opa auf die Karte „vorbereiten". Geben werde ich sie ihm auf jeden Fall!

Ich:

Habe vollstes Vertrauen zu dir! Du machst das schon richtig! Informiere mich einfach, wann du sie ihm bringst, dann kann ich dafür beten.

Kurze Zeit später ging Holger zu Opa, um ihn vorzubereiten auf die Karte. Ganz gespannt wartete ich auf die Reaktion von Opa.

Als Holger Opa von mir erzählte und was von Glauben sagte, war Opa gar nicht erfreut. Er will nicht über den Glauben reden und schon gar nicht mit Fremden.

In der Zwischenzeit schickte ich Holger noch ein sehr spannendes Buch, weil ich gehört hatte, dass Opa sehr gerne liest. Er wollte das Buch mitsamt dem Brief nächste Woche mitnehmen und Opa dann selbst entscheiden lassen, ob er eines von beiden liest oder nicht.

Ich:

> Noch wegen Opa. Mein Ziel ist es nicht, mit ihm über den Glauben zu diskutieren. Ich wollte ihn nur wissen lassen, dass ich für ihn bete. Den Rest erledigt dann Gott. Wenn er den Brief nicht lesen will, ist mir das egal. Ich bete trotzdem für ihn. Wie du aus eigener Erfahrung weißt, bewirkt Gebet große Veränderungen. Wir können einfach warten und zuschauen, wie Gott wirkt. Warten wir ab.

Holger:

> Opa war von der Karte sehr berührt. Hatte glasige Augen beim Lesen und sagte, dass ihm das sehr viel bedeutet, dass so viele Menschen, sogar ganz Fremde, an seinem Schicksal teilhaben und ihm Trost spenden wollen.
> Das Buch will er auf jeden Fall lesen und gibt es mir nachher zum Lesen. Ich soll dir seinen lieben Dank ausrichten und dass er sehr berührt sei von deiner Anteilnahme!
> Letzte Woche war er nicht so begeistert, weil er vermutlich so etwas wie eine Bekehrung befürchtete. Aber deine Worte haben ihn getroffen! Er betonte mehrfach, dass ich mich in seinem Namen bedanken soll!
> Ich danke dir ebenfalls!

Opa las das Buch schlussendlich doch nicht, da zu viel „Christentum" drin war. So fing Holger damit an. Er fand es sehr interessant und lehrreich. Es regte ihn zum Denken an.

Nebst diesem Todesfall musste Holger seine Aufmerksamkeit wieder auf die Wohnungssuche richten. Denn in der Zwischenzeit wurde das Haus verkauft, in dem er mit seiner Familie wohnte. Holger investierte viel Zeit in die Suche. Voller Hoffnung wurden verschiedene Objekte auf dem Immobilienmarkt im Internet angeschaut. Doch immer wieder zerschlugen sie sich. Entweder war die Miete zu hoch oder der Arbeitsweg zu weit. Die Wohnung, die Holger am liebsten gehabt hätte, wurde verkauft statt vermietet.

Mitten in all diese Schwierigkeiten entfaltete Gott SEINE genialen, unerwarteten Pläne. In der Bibel steht bei solchen Geschichten oft: Es begab sich ...

# Es begab sich

Ein Kollege von mir ist Pastor in einer Freikirche in Deutschland. Als wir uns während des Jahres unerwartet getroffen haben, erzählte ich ihm ein wenig von Holger. Ich staunte nicht schlecht, als ich hörte, dass er ab und zu in der Nähe von Holger Gottesdienste abhält. Ich behielt das im Hinterkopf. Zudem erhielt ich in ihm einen zusätzlichen Beter.

Gegen Ende des Jahres 2018 plante der Pastor in der Nähe von Holger eine Vortragsserie. Auf beiden Seiten fragte ich an, ob sie sich vorstellen könnten, einander kennenzulernen. Der Pastor konnte es sich vorstellen, aber nur, wenn Holger das auch wolle. Holger war eher skeptisch und ließ sich nicht drängen, Nägel mit Köpfen zu machen. So wurde das Ganze auf die lange Bank geschoben.

Zur gleichen Zeit „beschleunigte" sich mein Leben. Also nicht in Wirklichkeit, sondern gefühlt ging es plötzlich Schlag auf Schlag.

Seit Juni 2016 arbeitete ich 20 % in der Seniorenbetreuung. Nach meiner langen Krankheitszeit diesen Schritt zu wagen, kostete viel Mut und Gottvertrauen. Doch Gott schenkte Kraft dafür. Durch diese Abwechslung und die Wertschätzung vonseiten der Senioren ging es mir psychisch wieder besser. Doch mit der Zeit war ich in der Betreuung von Betagten als Pflegefachfrau stark unterfordert. Darum suchte ich Ende 2018 eine andere Arbeitsstelle.

Immer wieder wurde ich auf ein Inserat aufmerksam, das eine 80–100 % Stelle in einem Seniorenheim anbot. Doch ich konnte mir nicht vorstellen, so viel zu arbeiten, denn ich war gesundheitlich immer noch angeschlagen und beklagte, wie immer im Winter, durch die Kälte mehr Symptome von der chronischen Borreliose.

Zusätzlich beschäftigten mich noch viele Fragen wie: Wer schaut nach unserer zehn-jährigen Tochter während meiner Arbeitszeit? Wie sollen wir die Ferien organisieren? Und vieles mehr. Als ich das Ganze mal bei Peter erwähnte, meinte er, ich solle mich einfach mal bewerben und schauen, was passiert. Da ich das Gefühl hatte, dass das Gottes Weg für uns ist, bewarb ich mich und wurde eine Woche später zu einem Vorstellungsgespräch eingeladen. Puh, das ging mir fast zu schnell. Warum ich diesen Weg einschlagen sollte, weiß ich auch nicht.

In meinem immerwährenden Kalender war der Bibelvers an der Reihe: Verlass dich auf den Herrn von ganzem Herzen und verlass dich nicht auf deinen Verstand. Sprüche 3.5.

Immer, wenn ich Gott gebeten hatte, mir den Weg in dieser Frage zu zeigen, kam die Antwort, dass ich die Stelle annehmen soll. Darum sagte ich Gott, dass Peter ein volles Ja dazu haben müsse und dass er sich darum kümmern soll, dass die Kinder nicht darunter leiden.

Den Weg wusste ich ganz klar, doch innerlich sträubte ich mich immer noch dagegen.

Das Vorstellungsgespräch lief sehr gut und bald darauf konnte ich zwei Tage auf dieser Abteilung schnuppern. Es gefiel mir sehr gut. Dort arbeitete ein großartiges Team! Doch das Erstaunliche war, dass ich einen normalen Arbeitstag ohne Probleme bewältigen konnte!

Ein paar Wochen später, nämlich im Februar 2019, wagte ich den Wiedereinstieg in den Pflegeberuf. Seither arbeite ich 80 % im Seniorenheim. Gott sorgte wunderbar dafür, dass die Tochter nicht unter der Situation litt. Mein Mann konnte nach einem halben Jahr sein Arbeitspensum auf 70 % reduzieren. So ist er am Mittwoch immer zu Hause, wenn die Tochter am Nachmittag schulfrei hat. Die Vater-Tochter Zeit wird sehr geschätzt.

Wenn ich Menschen, die mich während der langen Krankheitszeit gekannt haben, erzähle, dass ich jetzt 80 % arbeite, sind sie sehr erstaunt. Das hätten sie nie gedacht, dass es mir gesundheitlich wieder mal so gut gehen könnte. Über einen Zeitraum von mehreren Jahren schenkte Gott, dass es mir gesundheitlich immer besser ging. Von mir aus gesehen ist das ein Wunder!

# Verliebt, verlobt, verheiratet

Im Juni 2019 planten wir ein großes Fest, weil Peter und ich zwanzig Jahre verheiratet waren. Wir luden sehr viele Leute ein, da wir in PNG Hochzeit gefeiert hatten und dort nicht viele Gäste anwesend sein konnten. Holger setzten wir auch auf unsere Gästeliste. Mit der Planung starteten wir schon im Herbst 2018. Einladungskarten wurden verschickt, Organisatoren ausgewählt, Räumlichkeiten gesucht und das Menü festgelegt.

Weil wir unseren Gästen die Geschichte erzählen wollten, wie Peter und ich uns kennengelernt haben, wurde sie zu Papier gebracht:

Ich:

> Mein Traummann sollte strahlend blaue Augen und schwarze Haare haben.

Eine Wunschvorstellung von mir, bevor ich Peter kennengelernt habe. Doch nun halten wir ein wenig Rückschau.

In der Ostschweiz lebte eine Familie mit vier Kindern in einem Altersheim, wo der Vater als Heimleiter arbeitete. Die zweitälteste Tochter hatte die Ausbildung zur Kinderkrankenschwester erfolgreich abgeschlossen. Sie bekam von Gott den Auftrag, nach Übersee zu gehen und den Menschen vom Gott der Bibel zu erzählen. Darum absolvierte sie eine zweijährige Bibelschule. Plötzlich tauchte ein dunkelhaariger, blauäugiger, junger Mann auf, der fünf Wochen dort studieren wollte. Er hatte im Sinn, ledig nach PNG auszureisen. In der Küche, beim gemeinsamen Abwaschen, beobachtete er die junge Frau aus der Ostschweiz. Obwohl er nicht nach einer Frau Ausschau hielt, hätte er es sich vorstellen können, sie zur Ehefrau zu haben. Doch es gab noch eine andere Frau, die in seinen Gedanken immer wieder auftauchte. Viele Fragen stiegen in ihm auf, wie: Soll ich wirklich so kurz vor der Ausreise nach PNG noch eine Beziehung anfangen, mit dem Ziel, später zu heiraten? Wenn ja, für welche von beiden soll ich mich entscheiden?

In so einer wichtigen Lebensfrage war es ihm wichtig, Gottes Willen zu tun. Darum betete er immer wieder dafür und erwartete von Gott, dass er ihm zeigte, was er machen sollte. Auf einmal sah er das Gesicht der Ostschweizerin vor sich und ein tiefer Frieden erfüllte ihn. Sie sollte also seine Frau werden! Er war gar nicht verliebt, aber er wusste, dass das der richtige Weg ist.

Ein Telefonat ihres Vaters informierte die junge Frau, dass sie einen Verehrer habe. Denn der junge Mann hatte ganz formell beim Vater um die Hand seiner Tochter angehalten. In diesem wichtigen Punkt ihres Lebens war es ihr sehr wichtig, zu wissen, ob sie ihn heiraten sollte oder nicht. Jeden Tag bekam sie eine positive Bestätigung beim Bibellesen und aus einem Andachtsbuch.

Obwohl auch sie nicht verliebt war, gab sie ihm eine Woche nach seiner Anfrage ihr Ja-Wort.

Unser gemeinsamer Lebensweg, in guten wie in schlechten Tagen, nahm so seinen Anfang. Wir waren sehr dankbar, dass die Ausreise nach PNG wegen dem Oberschenkelbruch von Peter verschoben worden war. Denn so hatten wir mehr Zeit, uns kennenzulernen und die Zukunft zu planen. Ja, wenn Gott SEINE Pläne entfaltet, sind sie immer perfekt!

CrossQuestions.de bringt das in einem Beitrag auf Instagram ganz treffend auf den Punkt:

*Gott braucht keinen Radiergummi,*
*wenn er die Geschichte deines Lebens schreibt.*

Im Austausch mit Holger fragte ich ihn, wie lange er schon verheiratet sei und wie sie sich kennengelernt hätten?

Holger:

Nach dem Tod meiner lieben Frau Judith und meinem
Sohn Stefan war mit mir nicht mehr viel anzufangen.
Ich hatte danach ja auch den schweren Motorrad-
unfall. Krankgeschrieben saß ich den ganzen Tag zu
Hause und habe abwechselnd geheult und gesoffen.
Ein Freund zwang mich durch einen Sitzstreik
seinerseits bei mir zu Hause, mit ihm auf das örtliche
Feuerwehrfest zu gehen. Ich hatte keine Lust zum
Feiern und saß auch da nur rum. Dort sah ich meine
zweite Frau Regine zum ersten Mal. Mein Freund
bemerkte das und rief sie zu uns. Wir unterhielten
uns ein wenig.
Später ließ ich mich dazu überreden, zu einer
Umzugsparty zu gehen. Mein Freund und sie kamen
auch. Es gab schon keine Möbel mehr. Also teilten wir
uns die Matratze auf dem Boden als Sitzgelegenheit.
Mein Freund ließ ihr in der Zwischenzeit einige
Informationen über mich zukommen. Sie war eine
gute Zuhörerin. Aus Bekanntschaft wurde Freundschaft, aus Freundschaft Liebe, aus Liebe eine Ehe
und daraus eine Familie.
Ohne meinen Freund hätte ich mich irgendwann
vermutlich totgesoffen oder sonst wie umgebracht!

Ich:

Gott stellte dir immer wieder Leute zur Seite, die dir
geholfen haben! Die noch ausdauernder waren als
du (Sitzstreik) :)
Bis jetzt hörte ich noch gar nichts von diesem
Motorradunfall.

Holger:

Der Motorradunfall? Ich war zwei Wochen nach
der Beerdigung meiner Frau Judith und dem Sohn
Stefan auf dem Weg zum Friedhof. Es hatte leicht

angefangen zu regnen und die Fahrbahn war „schmierig". In einer Linkskurve rutschte die „Kiste" weg. Die Begrenzungssteine stoppten meinen ungewollten Sturz abrupt. In Sekundenbruchteilen sah ich das Motorrad auf mich zufliegen. Es traf mich wie eine riesige „Fliegenklatsche"!

Die Folge waren 23 Knochenbrüche. Das rechte Bein wollten sie mir amputieren. Ich sagte: „Wenn ihr das tut, springe ich vom Krankenhausdach, sobald ich wieder krabbeln kann!" Mir war damals sowieso alles egal. Viele Leute murmelten, dass ich mir wohl hätte das Leben nehmen wollen. Das war nicht so! Hätte ich es gewollt, wäre ich acht Kilometer weiter vorne mit Vollgas in den Abgrund gefahren!

Zugegeben – darüber nachgedacht hatte ich damals mehrmals täglich. Aber der Unfall war wirklich ein Unfall! Ich war mit meinen Gedanken nur nicht da, wo ich hätte sein sollen, nämlich auf der Fahrbahn und im Verkehrsgeschehen.

Im Krankenhaus klagte ich über unerträgliche Schmerzen. Doch die Ärzte taten es als Wundschmerz ab. Weil das Bein insgesamt in einem Gerüst mit vielen herausstehenden Metallstiften hing, sahen das Pflegepersonal und die Ärzte nichts. Erst der Oberarzt, der einige Tag später kam, wurde fündig. Er fragte, wo genau es weh täte und ich sagte: „Seit heute Nacht tut nichts mehr weh", doch ich hatte Fieber und Schüttelfrost.

Er nahm eine Nadel und stach mir in einen Zeh. Ich spürte nichts. Daraufhin nahmen sie alles ab (Bandagen, Aufhängungen, Gipsschale) und mein Bein kam tiefschwarz zum Vorschein. Es hatte sich eine Thrombose von der Wade bis zum Unterbauch gebildet. Da wollten sie mir das Bein amputieren! Doch ich weigerte mich immer noch.

Mit viel „Aufwand" konnte das Bein schlussendlich doch noch gerettet werden. Manchmal treten als Folge davon Lähmungserscheinungen auf oder das Bein knickt einfach weg.

Ich:

> Holger, das ist ja unglaublich, wie viele schlimme Sachen du schon erlebt hast! Hast du schon einmal gezählt, wie oft du hättest sterben können? Je mehr ich von deinem Leben höre, umso mehr sehe ich, wie Gott seine schützende Hand über dir gehalten hat.

Holger:

> Das ist ein sehr weitreichendes und schmerzhaftes Thema. Tatsächlich bin ich schon sehr oft dem Tod von der so viel beschworenen Schippe gesprungen. Allerdings sah ich das, bis auf wenige Ausnahmen, immer eher als Strafe und nicht als schützende Hand Gottes an!
> Er verdammte mich dazu, immer noch mehr zu ertragen, immer noch mehr an mir zu verzweifeln, immer mehr zu leiden. Das hat mich dem Glauben eigentlich mehr entfremdet als nähergebracht.
> Ich schreibe dir am Wochenende wieder. Die Korrespondenz der letzten Tage wühlte viel in mir auf. Bevor ich weiterschreibe, muss ich erst ein wenig nachdenken und in mich kehren! Unsagbar viele Bilder, die ich lange verdrängt hatte, erscheinen vor mir.

Ich:

> Nimm dir ruhig Zeit :) Werde in dieser Zeit intensiv für dich beten, dass nicht nur „Staub" aufgewirbelt wird, sondern dass du innerlich heil werden kannst.

. . .

Der Spätherbst 2018 hielt Einzug und die Vortragsserie des Pastors stand vor der Tür. Immer noch wollte ich Holger und den

Pastor miteinander bekannt machen. Doch Holger war schon voll ausgebucht, weil er selbst Geburtstag feierte und viele Gäste eingeladen waren. So verstrich diese Möglichkeit. Ab und zu warf er neugierige Blicke aus seiner Wohnung auf die heranfahrenden Autos, denn der Vortrag fand ganz in der Nähe statt.

# E-Mail-Kontakt

Kurz darauf musste sich Holger drei verschiedenen Operationen unterziehen. Diese waren nicht im Zusammenhang mit dem Motorradunfall. Massive andere gesundheitliche Beschwerden verursachten immer wieder Probleme in seinem Körper.

Da er nicht arbeitete konnte, besaß er viel mehr Zeit, um über Gott und den Glauben nachzudenken. Das warf bei ihm sehr viele schwierige Fragen auf. Da ich oft nicht wusste, was ich ihm antworten sollte, fragte ich Holger, ob er einverstanden wäre, wenn ich, der Pastor und er uns Emails schreiben würden. Dann könnten wir die Fragen gemeinsam klären. Er meinte, ich solle das nur machen. Er habe keine Berührungsängste. Es fehle oft nur die Zeit.

Um am Anfang des Kontakts alle auf den gleichen Stand zu bringen, schickte ich dem Pastor noch das Skript des Gartenerlebnisses „Himmelslicht". Weil es uns ein Anliegen war, Holgers Glauben und Vertrauen in Gott zu stärken, machten wir ihn auf den Beitrag von Werner Gitt aufmerksam: „Warum ich als Wissenschaftler an die Bibel glaube" und schickten ihm noch den Link eines passenden Interviews von ERF MenschGott.

Kurz nach dem Start von diesem wertvollen E-Mail-Kontakt gab es wieder mal Widerstand!

Zuerst fiel bei Holger die Kühl-Gefrierkombination in der Küche aus. Am nächsten Tag, als sie eine Geburtstagstorte für die Tochter backten, verabschiedete sich auch noch der Backofen. Das alles geschah während den Weihnachtsfeiertagen 2018. Irgendwie lief gerade einiges schief bei Holger und seiner Familie.

Ich:

> Der Feind, Satan, probiert zu verhindern, dass du im Glauben vorwärtskommst! Darum passieren so viele mühsame Dinge. Lass dich NICHT entmutigen! Noch kurz einige Beispiele, wie wir oder andere Christen Angriffe des Feindes erleben.
> In unserer Kirche wurden zwei neue Verantwortliche gewählt. Kurz nachdem sie ihr Amt angetreten hatten, ist bei einem die Waschmaschine kaputtgegangen und beim andern das Auto.
> Wir und auch andere Familien haben jeden Sonntag vor der Abfahrt in den Gottesdienst einen Riesenstress, weil eines der Kinder einfach trotzig und nervig ist. Wie du siehst, bist du nicht der Einzige, der im Visier des Feindes ist :)

Mail Holger:

> Hallo „Pastor"
> Schön, einen weiteren Gesprächspartner in der Runde begrüßen zu dürfen. Zu deiner Information: Du wirst mich schnell als „schwierigen" Gesprächspartner kennenlernen. Ich antworte nicht so oft oder schnell, wie du es vermutlich gewohnt bist. Zudem bin ich eher verschlossen und gar nicht gesprächsbereit über mein Leben gegenüber Fremden!
> Ich brauche sehr viel Zeit für so etwas und hinterfrage mich oft selbst, ob und was ich von mir preisgebe. *Renate brauchte auch eine ganze Weile, bis ich es ihr und mir erlaubt habe, mich ihr gegenüber zu öffnen. So etwas fällt mir extrem schwer, weil ich schon oft enttäuscht wurde!*
> Peter ist auch eine flotte Person! Ich mag ihn sehr – und als er dieses Jahr beim Wildessen das Tischgebet gesprochen hat, gewann er meinen Respekt! Die Senns sind für mich ein außergewöhnliches Paar. Natürlich nur im positiven Sinne!
> Dich kenne ich noch nicht und das will ich im Moment auch noch nicht. Das ist nicht böse oder

ablehnend gemeint, aber ich lasse fremde Menschen nur sehr ungern an mich heran.

Mail Pastor:

Hallo Holger
ich habe kein Problem damit. Lass dir die Zeit, die du brauchst.
Konntest du den Link von ERF MenschGott von Alexander Denk öffnen und anschauen? Was denkst du darüber?

Mail Holger:

Hallo Pastor
ich schaute mir den mitgeschickten Link an – zwei Mal. Beim ersten Mal brach ich in der Mitte ab.
Das bin/war ich! Ich ertrug es nicht mehr weiterzuschauen. Ich war ein Schläger und immer voll Hass, solange ich denken kann. Einen liebevollen, fürsorglichen Vater hatte ich leider nicht.
Heute Morgen schaute ich mir das Video noch einmal an und es wühlte mich genauso auf wie beim ersten Mal! Doch diesmal schaffte ich es bis zum Ende. So weit wie Alexander Denk bin ich noch nicht! Ich bin noch aggressiv, unberechenbar und gefährlich. Doch seit Jahren fügte ich keinem mehr ein Leid zu!
Heute weine ich mehr als mich zu prügeln. Meine Frau kann Lieder singen über meine Ausbrüche (ich verprügelte sie nie – nur um das klarzustellen – auch die Kinder nicht). Ich zerlegte Kneipen, verprügelte Polizisten, einmal, obwohl sie zu viert waren, sprengte Partys oder ließ meine Lehrer vom Dach der Schule baumeln und wechselte dadurch drei Mal die Schule. Beim letzten Klassentreffen sagte mein ehemaliger Klassenlehrer, dass er nie gedacht hätte, dass so ein anständiger Mensch aus mir werden würde. Er bot mir das „Du" an.

Dass ich mich verändert habe, merkt ein Außenstehender nicht – die Leute, die mich von früher kennen schon!
Nicht, dass ich Spaß am Prügeln, Verletzen, Töten gehabt hätte. Nein! Aber wenn jemand oder irgendetwas mich nur im Ansatz gestört hatte, vor allem wenn ich, meine Freunde oder Lieben direkt provoziert wurden, legte ich alles in Schutt und Asche! Keine Knochenbrüche, keine Schnittverletzungen oder sonst etwas habe ich gespürt. Die Wut und der Hass sind sooo ein mächtiges Mittel, um sich in der Gesellschaft Respekt und Recht zu verschaffen!
Ich bin ein Krieger, doch ich will ein Krieger Gottes und nicht meines Hasses sein!

Mail von mir:

Du, Holger musstest schon als Kind sehr selbstständig sein. Du hast dein Leben selbst gemeistert. Ich lasse mir auch gar nicht gerne helfen :) *... und doch musste ich schlussendlich lernen, dass Gott mich nur gebrauchen kann, wenn ich von ihm abhängig bin.*
Benutzen wir ein Beispiel aus der Armee. Wenn jeder Soldat nach seinem Gutdünken handelt, wird nie ein Krieg gewonnen. Jeder will zwar das Beste, aber es ist Chaos pur! Wir können nur wirkungsvoll Gottes Krieger oder Diener sein, wenn wir uns mit ihm, dem Chef „abstimmen" und ihn fragen, was nun dran ist.

Mail Holger:

Das, was du schreibst, gibt mir immer sehr viel zum Denken.
Einerseits mag ich das und andererseits komme ich mir manchmal vor wie in einem Sudoku der Stufe zehn. Ich muss gelernte und gewachsene Strukturen

abbauen und muss lernen, wie das geht. Das kann mir natürlich jemand zeigen, doch ich lasse mich nicht gerne belehren!

Es ist sehr schwierig, mir etwas beizubringen, weil ich gelernt habe, meine eigenen Schlüsse zu ziehen. Zudem finde ich es für mich beeindruckend, dass ich mit dir und dem Pastor so rede. Noch viel beeindruckender erscheint mir, dass ich mich auf ein Treffen mit dir und Peter eingelassen hatte. Das hätte ich nie für möglich gehalten – niemals!

Und dennoch tue ich mich schwer.

*Ich fühle mich wie jemand, der am Ertrinken ist und dem man sagt:*
*„Geh ruhig unter und atme ganz einfach weiter.*
*Es funktioniert!*
*Überwinde einfach den ersten Schluck Salzwasser in deiner Lunge und atme weiter tief ein und aus.*
*Alles wird gut."*

Im Sinne von „gut" kann es sein, dass ich zum Herrn komme. Dennoch verabschiede ich mich ungern vom gekannten Leben. Doch für meinen Glauben müsste ich das tun und tue mich damit entsetzlich schwer. Das war's. Bis nächstes Jahr, ich habe viel nachzudenken!

Mail von mir:

Mit dem Silvesterlos für dich aus Josua 1,9: *Sei mutig und entschlossen! Lass dich nicht einschüchtern und hab keine Angst! Denn ich, der HERR, dein Gott stehe dir bei, wohin du auch gehst*, wünsche ich dir Gottes Segen fürs Jahr 2019. :)

Januar 2019

Als Notfall wurde Holger mit der Ambulanz ins nahegelegene Krankenhaus gebracht. Schier unerträgliche Schmerzen überfluteten ihn. Was war wohl passiert?

Holger:

> Gestern verlor ich auf einem „3-Tritt" den Halt. Leider kam nur das linke Bein auf den Boden. Das Rechte hing mit dem Schuh zwischen dem zweiten und dritten Trittbrett fest.
> Das Ganze spielte sich in einem schmalen Korridor ab, sodass ich nur eine 180 Grad Wende machen konnte, um auf den Boden zu kommen. Das rechte Bein war im Tritt und blieb auch dort, weil sich der Tritt in dem schmalen Bereich nicht mitdrehen konnte.
> Es sieht komisch aus, wenn du an dir runter schaust und die Kniekehle/Waden vorne siehst. Aber komisch war mir gar nicht zumute. Das tut grausam weh! Es ist operiert und schmerzt immer noch enorm. Es reicht schon der Versuch, das Sprunggelenk zu drehen.

Ich:

> Aua, das tut ja schon beim Zuhören weh :( Da war alles am Bein ja wahnsinnig überdehnt! Danke, dass du dir Zeit genommen hast fürs Schreiben! Hoffe, dass die Schmerzen bald nachlassen. Befürchte aber, dass es noch eine Weile dauern wird.

Als Holger wieder zu Hause war, konnte der Mail Kontakt weitergeführt werden. *Dort enthüllte er uns, dass die Angst vor dem Tod bei ihm jetzt weg sei!* Dann gab er mir noch „väterliche" Ratschläge mit für meinen kurz bevorstehenden Arbeitsanfang im Seniorenheim.

Kurze Zeit später erhielt Holger einen Telefonanruf von einer ihm unbekannten Telefonnummer.

Holger:

> Eine alte Frau, der ich früher immer viel geholfen hatte, rief mich aus dem Pflegeheim an. Im Alter von 92 Jahren machte sie meine Telefonnummer ausfindig! Da ich sie aus den Augen verloren hatte, dachte ich, sie wäre schon lange tot.
> Spontan fuhr ich hin. Wir tranken zusammen Tee und ich reparierte ihre Aufstehhilfe am Bett. Sie eröffnete mir, dass sie nie aufgehört habe, für mich zu beten, weil ich so ein guter Mensch sei, der so viel Gutes in ihr Leben brachte. Weil ich so gerührt war, musste ich zum Weinen aufs Klo.
> Sie weiß nichts von mir. Sie weiß nicht, dass ich kein guter Mensch bin. Tatsächlich ist sie gläubig wie ihr! Später eröffnete sie mir, dass sie für eine neue Wohnung beten werde für mich. Als ich das Pflegeheim mit verheulten Augen verließ, klingelte das Mobilfunktelefon. Ein Vermieter, den ich schon vor Wochen abgeschrieben hatte, wollte morgen in acht Tagen mit mir einen Besichtigungstermin für eine Wohnung ganz in der Nähe unseres Gartens (ca. 1200 m) abmachen. Im Auto heulte ich wie ein Schlosshund.
> Keine Ahnung, ob ich die Wohnung bekomme oder nicht. Aber das ist doch kein Zufall, oder?

Ich:

> Nein, das ist kein Zufall. Das ist Gott, der sich dir zeigt!

Holger und seine Frau konnten zum ersten Mal seit ihrer Suche nach bezahlbaren Wohnungen zwei Wohnungen am gleichen Tag besichtigen. Vorher gab es noch nie einen Besichtigungstermin. Sie waren gespannt, ob sich da was ergibt.

Nach dieser herzerwärmenden Begegnung fiel das Thermometer tüchtig in unserer Gefühlswelt...

# Einsamkeit und Leere

Ich:

> Das letzte Mal schoss ich ganz schlecht. Eigentlich wäre an diesem Abend die Qualifikation für die Schweizer Meisterschaft gewesen. Doch ich konnte mich nicht konzentrieren. Denn kürzlich sind in Schweden sechs junge Schweizer Männer bei einem Verkehrsunfall ums Leben gekommen. Drei davon kannte ich. Das wühlte mich sehr auf! Ein Pastor verlor in dieser Tragödie seine einzigen zwei Söhne.

Holger:

> Das ist schrecklich! Kein Elternteil sollte den Tod eines seiner Kinder erleben müssen. Das ist wider die Natur und macht einen ganz krank! In solchen Momenten würde mich interessieren, wie der Pastor in diesem Moment über Gott denkt.
> Das sind die Momente, die mich zerstört haben. Weil ich mich von Gott so verlassen fühlte. Manche im Glauben Gefestigte mag der Glaube dann erfüllen. Für mich war es nur eine gnadenlose Leere.
> Ich werde für euren Pastor beten!

Ich:

> Das war sicher ein furchtbarer Schlag für alle Eltern und ist nur schwer oder gar nicht zu begreifen! Waren deine Gefühle der Gottverlassenheit schon seit deiner Kindheit da oder sind sie erst später gekommen?

Holger:

Schon immer fühlte ich mich allein und von klein auf
war ich auf der Suche nach Gott.

Irgendwann, dachte ich, würde der liebe Gott schon
auf mich blicken und erkennen, was für ein braver
Junge ich sei.

Ich weiß nicht mehr, was ich dir alles anvertraut habe.
Für mich ist es einfacher, niemandem von meinem
nutzlosen Leben zu erzählen. Immer wollte ich etwas
bewirken. Doch das funktionierte nicht. Es bewirkte
nur, dass ich mir endlich sicher war, dass es entweder
keinen Gott gibt oder er mich nicht mag.

Wenn ich jahrelang in mich hineinlausche und nichts
als Stille höre und nichts als schwarzes Nichts zu
sehen ist.
Wenn mich dann jemand aus der Lethargie reißt
und nichts anderes als blinde Wut zu spüren ist, und
diese Wut das Einzige ist, was ich spüre.

Heute noch bin ich eine „leere" Hülle, die ich täglich
mit neuem Leben und Gewissen fülle. Das ist gut
so. Es fühlt sich gut an, wieder ein Mensch zu sein –
einer zu werden.
Ich werde weiter versuchen, an der Glaubensfindung
zu arbeiten, aber das geht nur sehr langsam. Ein paar
seltsame Erlebnisse machen mich glauben, dass es
kein Zufall gewesen sein kann. Vielleicht sind sie ein
Zeichen, dass Gott mich hört.

Hätte Gott mich doch nur gehört,
als ich ihn am dringendsten gebraucht hätte!

Ich:

Ja, das hätte ich dir auch gewünscht!!!
Möge Gott deine unendliche Leere und Einsamkeit

> durch seine Gegenwart ersetzen und dir ein Leben
> geben, das deine kühnsten Erwartungen übertrifft!!!

· · ·

Beide Wohnungsbesichtigungen waren gut gelaufen. Doch bei der einen Wohnung landeten Holger und seine Frau auf den undankbaren zweiten Rang von 641 Mitbewerbern. Auch die andere wurde anderweitig vermietet. Somit zerplatzte diese Hoffnung wie eine schillernde Seifenblase. Die Suche nach einer bezahlbaren Wohnung lag immer noch zuoberst auf Holgers Prioritätenliste. Doch schon bald klopfte wieder Unerwartetes an die Türe.

Holger:

> Heute Morgen ist Opa, den ich geliebt habe wie meine Kinder, gestorben. Meine ganze Familie ist sehr traurig. Mein Vater und meine Mutter sind ja auch vor nicht allzu langer Zeit von uns gegangen. Ich muss mich jetzt kümmern und bräuchte selbst jemanden, der sich meines Schmerzes annimmt. Ich sitze hier und heule schon den ganzen Nachmittag. Opa war gar nicht gläubig. Wo mag er jetzt sein? Ich fühle mich im Moment so leer.

Ich:

> Lieber Holger, es tut mir so leid, dass Opa nun von euch gegangen ist. Mein herzliches Beileid. Ich kann dir nicht sagen, wo er jetzt ist. Denn es gibt Menschen, die im letzten Moment vom Leben noch zu Gott umkehren.
> Ich werde oft an dich/euch denken im Gebet und Gott bitten, dass er dich tröstet.

Holger:

> Ich danke dir! Ich bin übermüdet, antriebslos und
> habe schlecht geschlafen. Meine Gedanken kreisen
> die ganze Zeit. Doch ich muss mich um meinen
> Garten kümmern. Vorgestern verwüstete ihn der
> Fuchs. Alle sechzehn Hühner und der Hahn sind tot!
> Es sieht aus, als hätte jemand in unserem Garten
> ein überdimensionales Federkissen mit einer
> Handgranate gesprengt.
> Im Moment wird mir alles zu viel!

■ ■ ■

Juni 2019

Da es Holger gesundheitlich gar nicht gut ging, konnte er nicht
zu unserem „20 Jahre verheiratet" Fest kommen. Das ganze Fest
stand unter dem Thema „Western". Da wäre er sehr gerne dabei
gewesen. Denn er hätte eine passende „Verkleidung" gehabt.

Dank den Ferien unserer Kinder verflog der Sommer im
Nu. Schon bald, nämlich Mitte August 2019, mussten die Schul-
ranzen wieder gepackt, neue Turnschuhe und Finken ange-
schafft und die neuen Stundenpläne für den Schulanfang studiert
werden. Des einen Freud des andern Leid.

Holgers ganze Familie plante einen Urlaub für den Früh-
herbst 2019. Der erste Urlaub seit Jahren!

# Endlich Urlaub

Schon im Vorfeld drückte die ansteckende Ferienstimmung bei Holger und seiner Familie durch. Alle waren ganz aus dem Häuschen und konnten den Abreisetag kaum erwarten. In der Hoffnung, dass Holger in den Ferien mehr Zeit hatte, um sich mit der Bibel auseinanderzusetzen, schickte ich ihm ein Bibelstudium vom Buch Josua.

Holger:

Auf der Hinreise nach Spanien wurden wir überfallen. Am Samstagvormittag auf einem Autorasthof, als ich am Tanken war. Zwei einheimische Autos fuhren heran. Zehn Männer stiegen aus und rannten ohne Vorwarnung auf unser Auto zu. Erbarmungslos rissen sie die Autotüren auf und klaubten sich alles, was in Reichweite war. Der Hund bellte im Kofferraum wie verrückt. Meine Familie war „dank" der Dreistigkeit der Banditen starr vor Schreck. Ich probierte mich zu wehren. Doch zwei Messerstiche setzten mich außer Gefecht. Es waren so viele. Da war ich chancenlos. Das Auto und das Leben retteten wir. Alle Kreditkarten, alles Bargeld, Führerschein, Personalausweis, Krankenkassenkarte, Hausschlüssel, zweiter Autoschlüssel und sämtliche Reiseunterlagen sind weg!
Der Familie geht es soweit gut. Ich bin seit heute Morgen aus dem Krankenhaus raus, da ich die zwei Stichverletzungen im Oberschenkel nähen lassen musste.
Du glaubst nicht, wie behandlungsresistent spanische Ärzte sein können, wenn deine Krankenkassenkarte fehlt und du die Nummer deiner gestohlenen Personalkarte nicht auswendig weißt.
Hier im Feriendomizil haben wir zwar WLAN, aber nur für zwei bis drei Stunden pro Tag. Außerdem plagen uns seit gestern permanent Ausfälle durch

Stromunterbrechungen. Derzeit kann ich weder in den Pool noch ins Meer. Die Wunden müssen zuerst ein bisschen heilen.
Was will mir dieser Gott sagen, wenn er mir den lang ersehnten Familienurlaub versaut. Soll ich jetzt noch danke sagen?
Meine ganze Familie steht noch unter Schock. Die Mädchen sind dauernd am Weinen.

Ich:

Ich bin sprachlos und kann es nicht fassen, dass ihr schon wieder so etwas Schlimmes erleben müsst. Das gibt wohl eine eher schlaflose Nacht bei mir. Doch diese Zeit nutze ich gerne zum Beten für euch. Gibt es noch etwas anderes als Gebet, das wir für euch tun können?

Holger:

Alles Notwendige wurde schon abgeklärt und in die Wege geleitet.
Doch die Angst bekommt die Familie nicht aus dem Nacken. Bei jedem Geräusch zucken sie zusammen und schauen, ob jemand über den Zaun gestiegen ist, um das Auto zu holen. Die Diebe wissen ja, wo wir die drei Wochen sind. Wir können nirgendwo hinfahren, weil sie unsere Zweitschlüssel haben.
Denn wir wissen nie, ob das Auto noch da ist, wenn wir vom Einkaufen oder vom Strand zurück auf den Parkplatz kommen.
Beten ist das Einzige, das ihr tun könnt. Allerdings vermute ich, dass Gott nicht so viel Gewicht auf die Erhörung der Gebete legt, wenn es um mich geht.

Ich:

Da muss ich dir aber widersprechen. Gott liebt dich!
Ich bin mir schon bewusst, dass das ganz absurd

tönt. Denn immer und immer wieder widerfährt dir irgendetwas Schlimmes.
Ich kann nicht erklären, warum das passiert. Doch diese Frage können wir hier auf der Erde selten erklären. Vielleicht ist WOZU? die bessere Frage.
Gott ließ das zu. Du bist im Moment wütend auf Gott, weil er dir den Familienurlaub kaputtgemacht hat!
Wer hat euch den Urlaub kaputtgemacht? Das waren diejenigen, die euch überfallen haben. Man könnte auch sagen, das Böse!
Ich habe das Gefühl, dass Satan um jeden Preis verhindern will, dass du im Glauben wachsen kannst. Jedes Mal, wenn du dir Zeit nehmen willst fürs Bibellesen oder sonst irgendwelche Schritte vorwärts machst im Glauben kommt ein extremer Rückschlag!!!
Du kannst nun die Flinte ins Korn werfen und vor Satan kapitulieren. Oder du rüstest dich für den Kampf! Den Kampf wirst du nur gewinnen, wenn du zusammen mit Gott unterwegs bist. Genauso wie du sehr wahrscheinlich in deinem aktiven Einsatz im Militär immer mit Kollegen unterwegs gewesen bist und ihr einander Rückendeckung und Unterstützung gegeben habt.

■ ■ ■

Ich:

Wie geht es euch inzwischen? Immer noch wie auf Nadeln?

Holger:

Es geht so langsam. Die Polizei in der nächstgrößeren Stadt, die meinen Bericht aufgenommen hatte, ließ dank meiner Informationen (Nummernschild)

den Wagen der Diebe beschatten. Jedenfalls ertappten sie sie dabei, wie sie am Mittwoch an einer Tankstelle auf der Autobahn zuschlugen. Nach zweihundert Metern wurden sie von der Polizei mit zwei gestohlenen Mobilfunktelefonen gestoppt und festgenommen.
Zwei der drei Inhaftierten identifizierte ich als Täter von unserem Überfall. Eine Hausdurchsuchung ergab nichts. Die Täter schweigen.

Ich:

Sehr schön, dann nahm die Polizei deine Angaben doch ernst!
Seid ihr oft beim Baden oder Schwimmen? Für dich als ausgezeichneten Schwimmer ist das sicher schön.

Holger:

Ich ging nach drei Tagen schon in den Pool. Mittwoch kommen die Fäden raus. Jeden Tag fahren wir ans Meer. Gestern schwamm ich dann raus, jenseits der Sicherheitsmarkierungen. Da, wo der Bootsverkehr anfängt.
Die Tochter schwamm mir nach. Da drehte ich um. So weite Strecken traue ich ihr nicht zu. Ablandiger Wind. Naja, und was ich darf und was nicht. Wer mich kennt, weiß, dass ich mich nicht unbedingt daran halte.

Ich:

:)
Gestern ließen sich unsere beiden Jungs taufen.

Holger:

Habt ihr das absichtlich so spät gemacht, damit sie frei wählen können oder ist das in der Schweiz so üblich? Bei uns werden Kinder schon mit paar Wochen oder Monaten getauft.

Ich:

In den Freikirchen taufen wir die Kinder nicht bei der Geburt. Nach der Geburt wird für jedes Baby ein Segensgebet gesprochen.
Die Bibel lehrt, dass die Taufe an den Anfang eines Lebens mit Gott gehört.
Unsere Jungs sind nicht automatisch Christen, weil wir Eltern Christen sind. Sie müssen sich selbst entscheiden, ob sie Jesus nachfolgen wollen oder nicht. Sie entschieden sich beide, auch ein Leben mit Gott zu leben. Mit der Taufe bezeugen sie öffentlich, vor der sichtbaren und der unsichtbaren Welt, dass sie neue Menschen geworden sind.
Taufe ist einfach ein Bekenntnis!
Ich bin jetzt ein bisschen provokativ...
Im Oktober besuchen wir dich und campen an einem See. Ich möchte dich fragen Holger: „Spricht etwas dagegen, dass du dich taufen lässt?"

Holger:

Ich bin ja schon getauft. Welchen Sinn macht das?

Ich:

Gute Frage :) Diskutierte in der Zwischenzeit noch mit Peter und Flavia darüber.
Die Kindertaufe wurde einfach an dir vollzogen, ob du wolltest oder nicht. Das bestimmten deine Eltern.

Die Taufe, wie die Bibel sie lehrt, ist eine Bestätigung und Bekräftigung dessen, was du erlebt hast. Hiermit bestätigst du, dass du ein Sünder warst und dass du jetzt ein Kind/Sohn von Gott bist. Die Taufe hat eine Symbolik. Das Untertauchen symbolisiert den „alten/früheren" Holger mit seinem sündigen Leben. Dieser Holger stirbt/ist gestorben, gibt es nicht mehr. Das Auftauchen aus dem Wasser symbolisiert, dass ein „neuer" Holger aus dem Wasser kommt.

Wenn du dich jetzt noch als Erwachsener taufen lässt, bedeutet das nicht, dass du nun zu einer Kirche gehörst. Es ist auch kein Eintrittsticket für den Himmel! Mit der Taufe bestätigst du, dass du dein Leben Jesus anvertraut hast und nun als Kämpfer für ihn unterwegs bist.

Holger:

Endlich funktioniert das WLAN wieder vernünftig. Vielleicht war das auch gut so. Denn meine spontane Reaktion wäre anders ausgefallen. :) Nun fällt mir eine Antwort doch überraschend schwer.
*Ich kann wählen!* Jetzt, wo das zu einer bewussten Sache geworden ist, mache ich mir darüber sehr viele Gedanken. Einerseits würde ich sagen: „Ja klar, was hast du schon zu verlieren?" Andererseits kämpfe ich mit dem Menschen in mir, der mir sagt: „Wozu taufen, wenn du selbst gar nicht recht überzeugt bist?" Ich bin ein erwachsener, mündiger Mensch und doch sehe ich mich im Moment nicht in der Lage, eine Entscheidung zu treffen.
Dann würde ich mein „neues Leben" direkt mit einer Lüge beginnen! Es ist eine sehr ungewöhnliche Situation für mich! So fühlte ich mich noch nie. Wenn du keine Wahl hast, nimmst du, was du kriegst. Aber jetzt, wo ich die Wahl habe, kommt mir die Entscheidung so endgültig, so gewaltig vor.

Ich:

> Spannend, was meine provokative Frage alles
> auslöste ;)
> Am Anfang eines Lebens mit Jesus besitzt du eine
> kleine, minimale Erkenntnis. Mit der Zeit lernst du
> Jesus immer besser kennen. Gott legte mir einen
> Vers für dich aufs Herz:
> Halte daran fest, dass du für die Sünde tot bist!
> Aber lebe für Gott in Christus Jesus, unserem
> HERRN.
> Römer 6.11
> Holger, lass dich nicht beirren auf deinem Weg.

Holger:

> Danke für deine sehr klugen Worte. Ich werde mir im
> weiteren Verlauf des Urlaubs hier am warmen Meer
> weitere Gedanken dazu machen.

Eines Abends, als ich vom Spätdienst nach Hause kam, erwartete mich eine verwirrende E-Mail von Holger.

Mail Holger:

> Hallo Renate,
> ich bin hier im Urlaub gerade im Studium von Josua.
> Es läuft ein wenig Heavy-Metal Musik. Das ist meine
> präferierte Musikrichtung. Da frage ich mich mitten
> im Text, warum Gott sich mir nicht zeigt, wie er es bei
> dir tut?
> Da läuft plötzlich der Song „Für immer" von Doro
> Pesch! Das war schon immer einer meiner liebsten
> Songs. Er bedeutet für mich, dass Menschen,
> Eheleute, Freunde, Cliquen für das „Immer" stehen.
> Aber vor dem Hintergrund meiner gestellten Frage
> an Gott, stellt der Song/Text plötzlich alles auf den
> Kopf! Was bedeutet das? Ich bin völlig verwirrt.

Mail Renate:

> Hallo Holger!
> Schön, dass du Josua studierst :) Gott kennt dich
> bis in dein tiefstes Innerstes. Er sah deinen Wunsch
> im Herzen. Einer deiner Lieblingssongs bekam
> plötzlich eine total andere Bedeutung. Ich bin sicher,
> dass Gott so zu dir geredet hat! Denn er redet
> immer so, dass wir es verstehen.
> Das Lied „Für immer" spricht von Freundschaft für
> immer! Dank des ungeplanten Exkurses über die
> Taufe fragtest du dich, ob du diesem Jesus wirklich
> vertrauen willst und ob du das mit der Taufe
> besiegeln willst? Jetzt kommt die Antwort Gottes!
>
> Durch dieses Lied bot Gott dir gestern Abend
> seine Freundschaft an! Für IMMER!
>
> Schritt für Schritt geht Gott mit dir vorwärts und
> zeigt dir immer mehr, wer er wirklich ist. Wieder
> einmal kann ich nur staunen, wie großartig und
> einzigartig Gott ist! Wenn Gott seine Pläne entfaltet,
> geht es im richtigen Tempo vorwärts. Sein Zeitplan
> und seine Führungen sind perfekt!
> Bete weiter für dich.

Nach zwei Wochen machte sich die ganze Familie von Holger wieder auf die Heimreise.

Inzwischen fand Holger eine neue Arbeitsstelle, die körperlich weniger herausfordernd ist. Ich war gespannt, ob sie passend für ihn ist oder nicht.

Doch zuerst stand der geplante Besuch im Oktober 2019 von Peter, Flavia und mir auf dem Programm.

# Farbenfrohe und dunkle Herbstzeit

Peter und ich organisierten den Besuch bei Holger. Per Internet suchten wir ein passendes Restaurant. Dazu wollten wir noch gemeinsam etwas erleben. Ein Escape Room (Rätselabenteuer) wäre eine gute Möglichkeit, einander besser kennenzulernen. Beides wurde im Vorfeld gebucht. Die letzten Reisevorbereitungen liefen auf Hochtouren. Für Peter, Flavia und mich wären es die ersten Ferien im Wohnwagen.

Ich:

> Es scheppert wieder mal so tüchtig im Karton.
> Unser Feind hat keine Freude an unserem Besuch bei dir.
> Der Wohnwagen, den wir benutzen wollten, ist unbrauchbar, da er auf einer vorherigen Reise ein Dachfenster verloren hatte. Ersatzwohnwagen vom Schwager wäre bereit. Doch das Auto, das den ersten Wohnwagen ziehen sollte, plus das Auto des Ersatzwohnwagens sind in der Garage, ganz plötzlich!
> Wenn der Feind Widerstand leistet, ist das meistens ein Zeichen, dass Segen auf uns wartet! Wir freuen uns jedenfalls sehr auf den Samstag. Werde gerade noch einen Aufruf zum Gebet machen und um umfassenden Schutz bitten für uns alle!
> Jetzt haben wir halt keinen Wohnwagen, dafür werden wir ein Häusle auf dem Campingplatz mieten.

Holger:

> Du meine Güte!

Außer ein wenig Stau im Umkreis der großen Städte Deutschlands war es eine problemlose Reise.

Doch gesundheitlich ging es mir nicht so gut. Am Abend nach der Ankunft auf dem Campingplatz beklagte ich Fieber. Mein Mann und die Tochter gingen in ein nahes Restaurant etwas essen, während ich ein bisschen von dem Müsli aß, das wir von zu Hause mitgenommen hatten.

Im Gebet rang ich mit Gott und sagte, dass das jetzt einfach nicht an der Reihe ist, krank zu sein. Weil ich diesem Widerstand einen Riegel vorschieben wollte, betete ich so lange, bis ich das Gefühl hatte, dass Gott mein Gebet erhört hatte.

Am Freitagabend war ein Besuch bei einer christlichen Familie geplant, die im gleichen Ort wohnt wie Holger. Der Pastor hatte uns miteinander bekannt gemacht. Doch bisher hatten wir nur per E-Mail Kontakt. Es erschien uns wichtig, einander kennenzulernen.

Dann kam endlich der Samstag. Wir wussten nicht so recht, ob die Taufe auch ein Thema sein würde oder nicht. Wir beteten im Vorfeld oft dafür, dass Gott uns da den richtigen Weg zeigt.

Der Escape Room stand als erstes auf dem Programm. Wir absolvierten die Herausforderung in einer normalen Zeit. Dann nahmen wir in einem sehr guten Landgasthof das Mittagessen ein. Wieder einmal stand Wild auf der Speisekarte. Drinnen war ein Tisch für uns reserviert. Holger setzte sich zuerst hin. Da schönes warmes Wetter herrschte, fragten wir das Servicepersonal, ob wir uns nicht draußen hinsetzen könnten. Als das bejaht wurde, rannte Flavia voller Freude voraus und suchte sich einen Tisch aus. Während des Essens fühlte sich Holger sehr unwohl, weil er nicht in der besten Verteidigungsposition sitzen konnte, so wie zuvor. Er wird seine Gefühle später selbst noch schildern. Auf dem Parkplatz war er dann viel gesprächiger. Zum Abschluss von unserem Besuch betete Peter noch. Dann verabschiedeten wir uns voneinander und nahmen die lange Heimreise wieder unter die Räder.

Es kam uns die ganze Zeit nie in den Sinn, die Taufe anzusprechen. Das nahmen wir so aus Gottes Hand.

Ich:

> Nun sind wir schon wieder zu Hause angelangt :)
> Es war ein sehr schöner Tag mit dir!

Holger:

> Ja, ich bedanke mich auch noch mal für den tollen
> Tag! Besonders über das Gebet freute ich mich sehr.
> Weißt du, ich bin nicht sonderlich gut im Beten. Den
> allergrößten Teil meines Lebens betete ich nicht.

Die Wohnungssuche wurde von Holger und seiner Familie wieder voll angekurbelt. Die Zeit lief ihnen langsam davon. Von einem Vermieter erhielten sie die Zusage, dass sie einen Vorvertrag für die Mietwohnung unterschreiben können. Das freute sie sehr! Doch irgendwie zog sich das ganze Prozedere in die Länge und seitens der Vermieter wollte kein Termin zustande kommen für die Unterschrift.

Die neue Arbeit erwies sich im Anfangsstadium noch etwas ungewohnt für Holger, doch es ging von Tag zu Tag besser.

Aus seinem Kollegenkreis kam auch Ungewohntes auf Holger zu: Die Kollegen lachten über ihn, weil er sich in der letzten Zeit so stark verändert hatte.

Ich:

> Dass die Kollegen über dich lachen, ist meiner
> Meinung nach eine ganz normale Reaktion. Weißt
> du, der Unterschied von dem, was du früher warst,
> und dem, was du jetzt bist, ist riesig! Da sind deine
> Kollegen und Freunde ein bisschen überfordert.
> Überlege dir einmal, wie du fühlen würdest, wenn
> ein Kollege oder Freund von dir Christ werden
> würde. So weißt du in etwa, was sie denken. ;)

Weil du dein Leben Gott anvertraut hast, sitzt du jetzt im Glashaus und stehst unter genauer Beobachtung. Du bist die Bibel, die deine Kollegen und Freunde lesen. Komischer Gedanke, gell ;)

Die „Dunkelheit" warf in Holgers Leben immer länger werdende bedrohliche Schatten. Manchmal fragte ich mich, ob Gott wirklich alles im Griff hat.

Holger:

Alle Vermieter haben uns abgesagt. Heute sogar die, die uns fest zugesagt hatten und den Vorvertrag mit uns unterschreiben wollten. Und zu allem Überfluss ist gestern auch die Ankündigung zur Räumungsklage eingegangen.
Ich hoffe, ihr habt nicht so viele Sorgen. Ich schlafe kaum noch und wenn, dann schlecht.

Ich:

Ach du Schande, das ist wirklich schwierig! Eigentlich ein Horrorszenario vor dem Winter. Wann solltest du die Wohnung geräumt haben? Beten werde ich natürlich weiter für deine Wohnungssituation :) Jetzt, da du endlich am Ende von deinem Latein bist, wollen wir mal schauen was Gott tun wird :) Bin gespannt.
Weißt du Holger, manchmal bringt uns Gott an einen Punkt, an dem wir vor ihm kapitulieren müssen. Wir müssen zugeben, dass alle unsere Bemühungen (zum Beispiel für eine Wohnung) umsonst waren. Er möchte nämlich, dass wir Christen von ihm abhängig sind!!! Lege deine Situation im Gebet vor Gott und bitte ihn, dir zu helfen! Mach es einfach und sei gespannt, was Gott für euch bereithält :)

Holger:

Das werde und will ich versuchen!

Ich:

:)

In diese stressige Situation hinein schickten die Christen vor Ort Holger eine Einladung für einen Vortrag. Das wäre der erste Kontakt mit ihnen.

Ich:

Besuchst du heute Abend den Vortrag?

Holger:

Ich komme gerade von dort. Es ist alles noch recht neu für mich. Ich werde, wenn es die Zeit erlaubt, wieder gehen. Bin etwas neugierig geworden. Gott ist mir deshalb aber leider noch keinen cm näher-gekommen. Aber dem Teufel habe ich heute nichts gelassen.
Erst gestaltete sich der Umzug meiner Tochter schwieriger und länger als geplant. Dann war die Scheibe von meinem Auto so fest zugefroren, dass ich sie nicht vom Eis befreien konnte. Darum nahm ich den Firmenwagen, um zu dem Vortrag zu fahren. Darauf wurde ich von der Polizei angehalten. In Folge war mir die Lust, zu dem Vortrag zu gehen, vergangen. Doch wenn es einen Gott gibt, dann muss es auch einen Teufel geben. Und den wollte ich auf keinen Fall gewinnen lassen! Ich war fünfzehn Minuten zu spät zum Vortrag. Aber weil ich trotz der „Bremsklötze" gegangen bin, fühle ich mich gut!
Meine „kleine" Tochter fragte mich beim nach Hause kommen, wo ich nach dem Umzug so überstürzt hin gegangen sei?

Ich: „Zum Gottesdienst!"
Tochter: „Du verarschst mich?!"
Ich: „Nein, hier ist die Karte." (Visitenkarten die dort lagen)
Tochter: „Muss ich mir Sorgen machen?"
Ich: „Nein, ich habe für eine neue Wohnung gebetet..."
Tochter: „Na dann, gute Nacht." (skeptischer Blick mit Stirnrunzeln)

Ich:

Das ist eine ganz verständliche Reaktion deiner Tochter! :)
Bin stolz auf dich, großer Bruder, dass du zu dem Vortrag gegangen bist, obwohl du so viel Gegenwind hattest. Du durchschaust langsam die Taktik unseres Feindes.
Dass alles recht neu ist im Gottesdienst, ist ganz normal. Das wird mit der Zeit besser...

Mit Riesenschritten näherten wir uns dem Winter 2019. Die schwierige Wohnungssuche und die drohende Räumungsklage warfen viele Fragezeichen und Zweifel in unserem Leben auf.

Ich:

Wie läuft's bei dir?

Holger:

Nicht so besonders prickelnd, aber ich komme klar. Ich warte jeden Tag auf den Räumungsbescheid. Dann wird alles ungewiss. Da ich nicht weiß, wohin dann die Reise gehen wird, weiß ich auch nicht, ob ich da einen PC, Laptop, Internet oder Sonstiges haben werde.

Ich:

> Das heißt, im Moment hast du noch keine Ahnung,
> wann du aus der Wohnung gehen musst? Wenn
> der Bescheid da ist, wie schnell musst du dann
> normalerweise ausziehen?

Holger:

> Wenn der Räumungsbescheid vom Gericht eintrifft,
> könnte es Räumung innerhalb 24 Stunden oder bis zu
> neun Monaten bedeuten. Fakt ist, irgendwann muss
> ich raus, auch wenn ich immer unbescholten meine
> Miete und alle Nebenkosten pünktlich bezahlt habe!
> Mein Anwalt erklärte mir, dass im schlimmsten Fall
> die Polizei mit dem Schlüsseldienst kommt (sicher-
> heitshalber). Meine Waffen werden in Gewahrsam
> genommen und gegebenenfalls eingeschmolzen,
> der Hund kommt ins Tierheim, meine Möbel werden
> bis zu drei Monate eingelagert und dann für die
> Einlagerungskosten verkauft oder verschrottet und
> ich darf zu den Asylanten in den Wohncontainer.
> Wenn es so weit kommt, wirst du nichts mehr von
> mir hören. Dann werde ich tun, was ein Christ nicht
> tun sollte. Dann wird mir meine 44er meinen letzten
> Dienst erweisen. Aber so weit sind wir noch nicht.

Ich:

> Das ist ja mega krass!
> Holger, ich weiß eines, mein Gott ist noch nie zu
> spät gekommen! Manchmal kommt er im letzten
> Augenblick, aber er hat immer alles im Griff, auch
> wenn es ganz anders scheint.

Anstatt, dass die angespannte Situation in Holgers Leben besser
wurde, verschlimmerte sich das Ganze dramatisch!

Holger:

Mein neuer Chef und ich haben uns überworfen. Ich
bin den Job los, aber ich habe etwas daraus gelernt.
Ich wollte ihn unbedingt umbringen, weil er so ein
mieses Dreckschwein zu mir war.
Darum dachte ich mir – leg ihn um (also in mir drin)
Und er lebt.
Meine liebe Renate, lieber Peter, ich bin kein Umgang
für euch! Ich bin viel zu explosiv! Ihr seid mir so ans
Herz gewachsen, deshalb: bitte haltet Abstand! Ich
bin nicht der, den ihr retten könnt.

Ich:

Du irrst dich Holger!!!
Erstens können wir dich nicht retten, das kann nur
Gott.
Zweitens werden wir nicht Abstand zu dir halten.
Du gehörst zu unserer Familie!
Gott ist viel größer und mächtiger als du denkst und
weißt. Er hat dich bewahrt davor, dass du deinen
Chef nicht umgebracht hast.
Ich habe das Gefühl, dass vieles, was dir passiert,
Teil eines geistlichen Kampfes zwischen Licht und
Finsternis ist. Wenn ein großer Sieg bevorsteht,
dann gibt es im Vorfeld immer kräftige Scharmützel
und Kämpfe. Eines kann ich dir sagen. Je mehr der
Sturm an einem Baum rüttelt, umso widerstands-
fähiger wird er.
Holger, lass dich durch die Stürme deines Lebens
näher zu Gott bringen! Er wird dich aufs Beste
versorgen und dich nicht wanken lassen.

Holger:

Wenn ich deine Worte lese, ist das immer wie Balsam
auf der Haut. Im Moment möchte ich lieber tot sein.

Meine Energie ist am Ende. Ich gehe jetzt ins Bett und werde schauen, was der nächste Tag bringt.

Ich:

Zu deinem Wiegenfest möchte ich dir gerne den Bibelvers mitgeben, den ich für dich am letzten Silvester gezogen habe:
Josua 1,9: *Ja, ich sage es noch einmal: Sei mutig und entschlossen! Lass dich nicht einschüchtern und hab keine Angst! (Warum musst du keine Angst haben?) Denn ich, der HERR, dein Gott, stehe dir bei, wohin du auch gehst.*
Genieße deinen Geburtstag trotz allem :)

Holger:

Danke!

Die Situation bei der Wohnungssuche wurde immer kritischer. Ohne Arbeit ist es noch schwieriger, eine Mietwohnung zu finden!

# Achterbahnfahrten des Lebens

Ich:

> Und wie läufts bei dir? Arbeit oder keine Arbeit?
> Wohnung? Und und und?

Holger:

> Ich denke, dass Gott mich verlassen hat. Ja, sicher bin
> ich nicht innig und vollständig bekehrt. Und sicher
> warte ich deshalb umsonst auf Hilfe.
> Ich habe beschlossen, nicht mehr auf Hilfe zu warten.
> Knapp 500 Bewerbungen für eine Wohnung habe
> ich geschrieben. Die Gemeinde will den Hund ins
> Tierheim zwingen, die Waffen werden eingezogen
> und meine Möbel und Werkzeuge für zig 1000 Euros
> verschrottet. Ich soll zu den Ausländern in die
> Container. NO WAY!
> Meine Frau und ich streiten uns nur. Einig sind wir nur
> darin, dass ich „meinen" Lösungsweg finden werde.
> Ich bin kein guter Mensch. Aber ich habe einen Weg.
> Ich bete für euch! Ihr seid mir so lieb geworden!

Diese Zeilen versetzten mich in Alarmbereitschaft. Denn ich
hatte keine Ahnung, was Holger plante. Darum mobilisierte ich
alle meine Beter. Da ich am Abend ein Musical besuchte, beteten
wir dort mit andern Christen zusammen für dieses Anliegen.
Zeit zum Zurückschreiben besaß ich erst am nächsten Tag.

Ich:

> Holger, du bist bekehrt, sonst würden deine
> Kollegen keine Änderung sehen. Die sehen Jesus
> und Gott in dir. Eine solche Veränderung kann man
> nicht so einfach vorspielen!

Genau weil du kein guter Mensch bist, ist Jesus für deine Sünden gestorben, inklusive dem Blödsinn, den du jetzt machen möchtest. Auch für den hat er schon bezahlt mit seinem Leben.
Habe alle Beter mobilisiert, dass sie intensiv für dich beten.

Holger:

Ich war letzten Dienstag auf der Jagd. Morgen und übermorgen werde ich wieder gehen. Zeit zum Nachdenken. Ich gehe jetzt ins Bett.

Ich:

So, nun habe ich mehr Zeit zum Schreiben. Wie ich aus dem Geschriebenen entnehmen kann, ist deine Verzweiflung über die ganze ausweglose Situation riesengroß. Das kann ich gut nachvollziehen. Wenn das Schlimmste passiert, wird alles, was deinem Leben Wert gegeben hat, ohne Barmherzigkeit aus deinem Leben gerissen. Und du stehst da mit abgesägten Hosen und musst bei den Asylanten im Container wohnen.
Das würde dich völlig an den Abgrund katapultieren. Das wäre so, wie wenn du dein ganzes Leben wieder einmal ganz von vorne beginnen müsstest, und dafür hast du einfach keine Kraft mehr, denke ich.
Schrei deine Verzweiflung raus! Sag Gott einfach, dass du keine Kraft mehr hast für so einen steilen Abstieg und Neuanfang, und dann bittest du Gott um Hilfe, jede Sekunde, Minute, Stunde, die du Zeit hast. Auf der Jagd, wenn du warten musst, zu Hause, wenn du die Gedanken frei hast. Gestehe Gott deine Hilflosigkeit!
Und dann bitte Gott, dir zu helfen, bis er eingreift!!!
Mache das zu deiner „Mission", zu deinem Auftrag!

> Bleibe dran im Gebet, hör nicht auf, bis Gott
> eingreift!!!
> Gerne möchte ich dir noch einen Bibelvers
> mitgeben, den ich heute Morgen gelesen habe:
> Du bist ein von Gott auserwähltes Volk, sein könig-
> licher Priester, du gehörst ganz zu ihm und bist sein
> Eigentum. 1. Petrus 2.9.
> Wir bleiben auch unermüdlich dran im Gebet…bis
> Gott hört!

Erneut stand ein Gottesdienst in Holgers Stadt auf dem Programm…

Ich:

> Guten Morgen, großer Bruder :)
> Heute Abend um 19.30 Uhr ist Gottesdienst. Geh
> doch hin, das gibt nämlich immer wieder Mut und
> stärkt den Glauben…es ist besser, als zu Hause mit
> deiner Frau zu streiten ;)

Holger:

> Wir streiten nicht mehr. Danke für die Info!

Ich:

> Warum streitet ihr nicht mehr?

Holger:

> Ich bin es leid, unsere kostbare Zeit miteinander
> damit zu verbringen, sich wegen irgendetwas
> zu streiten. Meist völlig belanglos und nur aus
> Ohnmacht der sich ausgesetzten Willkür geboren.
> Ich habe Hoffnung im Herzen und darum gehe ich
> heute Abend in den Gottesdienst, weil ich dankbar
> bin. Dankbar allein für die Hoffnung. Mehr möchte

ich nicht sagen, weil die Zukunft noch nicht gesichert und/oder fest ist.
Aber ich habe Hoffnung im Herzen und werde dir berichten, wenn ich gefestigten Tatsachen ins Auge sehen kann!

Ich:

Das freut mich sehr. :) Nimm doch deine Frau heute Abend mit. Also ich weiß, dass sie nichts am Hut hat mit dem Glauben und dass sie nicht gerne aus dem Haus geht. Aber ich habe meiner Gebetsgruppe gesagt, dass sie dafür beten sollen.

Holger:

Sie will nicht und ich will sie nicht zwingen. Sie muss ihren eigenen Weg dahin finden. Meine Tochter sagte vorhin zu mir, dass es sehr befremdlich ist, wie ich mich jetzt benehme. Ich sei sonst immer so stark und autoritär und jetzt „willst du dich von Gott leiten lassen. Was ist nur los mit dir?"
Ja, was ist los mit mir?
Ich glaube nicht an Gott und die Bibel und doch suche ich nach etwas.
Ich muss jetzt los in den Gottesdienst.

Holger:

Das war blöd! Ich habe mich komplett zum Deppen gemacht! Meine ganze Familie belächelt mich mitleidig.
Die Christen suchte ich überall, fragte Musikanten auf der Straße usw. Keiner weiß, wo sich die Christen treffen!
Ich fühle mich sehr gedemütigt! Gott will mir vielleicht damit sagen, dass ich nicht dazugehöre. So habe ich mich ja auch nicht gefühlt (höchstens durch euch). Das war ein nettes Experiment.

Ich:

Ich bin erst jetzt nach Hause gekommen vom Spätdienst. Von den Christen habe ich gehört, dass sie sich in einem neuen Lokal treffen. Hast du keine Adresse bekommen? Es tut mir leid, dass es nicht geklappt hat.

Dass du nicht dazugehörst, will Gott dir ganz sicher nicht sagen. Das Ganze war einfach ein Missverständnis, schlechter Informationsaustausch. Das nächste Mal tauscht ihr Telefonnummern aus, sodass ihr einander erreichen könnt, wenn irgendetwas ist, und nur nicht so schnell die Flinte ins Korn werfen, das passt gar nicht zu dir!

Du suchst nach etwas und weißt eigentlich genau, wo du es finden kannst. *Nicht aufgeben, wieder aufstehen und weitermachen.* Belächelt werden schmerzt zwar sehr, doch andere Christen werden geköpft, ins Gefängnis gesteckt usw.

Nur Mut, großer Bruder!!! Du gehörst dazu, nämlich zur großen Familie der Christen weltweit!

Nur eine kleine Erklärung zum Verhalten deiner Familie. Von mir aus gesehen ist es ganz normal, dass du von ihnen belächelt wirst. Der Glaube an Gott ist für sie so abstrakt und fern. Sie können sich darunter überhaupt nichts vorstellen.

Du hast dich extrem verändert! Du hast ihnen gesagt, dass du dich von Gott leiten lassen willst! Bis vor ein paar Wochen wäre das für dich ein absolutes NoGo gewesen. Nun führte Gott dich in eine Situation, in der du absolut hilflos bist. Du selbst hast es nicht geschafft, eine Wohnung für deine Familie zu finden. Deine einzige Hoffnung ist, auf Gott zu vertrauen und die Hilfe von ihm zu erwarten.

Nun bin ich gespannt auf den Ausgang der Wohnungsgeschichte ...;)

Kopf hoch, mein Bruder, es geht vorwärts :)

Darauf schickte ich Holger zur Ermutigung den Link der verpassten Predigt, damit er sie zu Hause anhören konnte.

Holger:

Hörte mir die Predigt an. Wenn ich nur Christ bin, wenn ich täglich als Christ lebe und auch daran glaube, bin ich ja gar kein Christ. Denn ich bin ja noch gar nicht sooo überzeugt.
Gestern Abend kam die Klageschrift vom Amtsgericht rein. Bis spätestens am 27.12.2019 (also zu Weihnachten) muss das Haus geräumt und übergeben sein, sonst kommt die Polizei mit Schlüsseldienst. Sie wollen gleich das Veterinäramt mitbringen, um den Hund ins Tierheim zu sperren! Fröhliche Weihnachten.

Ich:

Gott sei Dank hast du noch etwas Zeit, um eine Mietwohnung zu finden :)
Noch wegen der Predigt :) Der Prediger redete davon, täglich als Christ zu leben und an Gott zu glauben.
Möchte dir ein kleines Beispiel dazu erzählen. Nehmen wir mal Prinz Harry und seine Frau Meghan. Die erhielten ja kürzlich Familienzuwachs. Von dem Baby wird irgendwann in Zukunft erwartet, dass es sich so verhält, wie es sich als Mitglied der königlichen Familie geziemt. Damit es das tun kann, muss es sich mit der königlichen Familie identifizieren und seinen Platz finden. Doch im Moment ist es noch ein kleiner „Schreihals", der keinen blassen Schimmer hat, dass er/sie zur königlichen Familie gehört. Woche für Woche, Monat um Monat, Jahr für Jahr macht das kleine Persönchen Fortschritte und lernt. Auch du bist in diesem Lernprozess als Christ. Im Moment ist dein Wissen noch extrem klein. Du tappst noch auf unsicheren Beinchen durchs Leben

und bist froh, wenn dich ab und zu mal jemand an die Hand nimmt und dir den Weg zeigt und Unterstützung gibt.
Habe nur Geduld mit dir selbst du wirst immer besser erkennen, wer Jesus ist. *Du bist ein Christ, weil du durch die Bekehrung in die Familie Gottes hineingeboren worden bist*, nicht, weil du dich so fühlst oder benimmst.
Das Baby von Prinz Harry benimmt sich nämlich auch noch wie ein normales Baby, obwohl es eine andere Zukunft hat.

Holger:

Deine Worte sind immer Balsam für meine Seele. Du triffst irgendwie immer den richtigen Punkt. Danke dafür! Gruß an Peter!

Bibellesen kann manchmal eine Herausforderung sein, oder?

Holger:

Meine liebe Renate, lieber Peter!
Ich lese täglich in der Bibel und finde immer mehr Widersprüche! Diese entmutigen mich nicht weiter, aber sie nötigen mich zum Nachdenken.
Heute eröffnete ich im Garten die Räuchersaison. Über eine Stunde redete ich mit meiner Frau Regine über Gott, meinen/ihren Glauben und meine/unsere Zukunft.
Für mich spricht vieles GEGEN Gott (die gesamte Bibelgeschichte)! Ich bin eher Wissenschaftler und das Meiste, das ich bisher lesen konnte, ist aus wissenschaftlicher Sicht schlichtweg unmöglich!
Aber ich studierte auch den Koran über Monate. Das war rein interessehalber. Verblüffenderweise ähneln sich die Geschichten in Schlüsselpositionen.
*Warum habe ich heute zum Gott der Bibel gebetet? Dem Einzigen, dem ich außer meinem militärischen*

*Befehlshaber folgen würde? Warum würde ich ihm*
*denn folgen?*
Ich glaube noch nicht einmal!
Das Lesen der Bibel spaltet mein Leben in zwei
Ebenen. Das kann ich nicht ausstehen! Ich weiß
gerne, wo ich bin, und sitze immer in der besten
Verteidigungsposition.
Das ist mir beim letzten Besuch von euch aufgefallen.
Als ich im Restaurant drinnen saß, wusste ich: Hier
habe ich alles im Blick. Ich sah jede Verteidigung,
jeden möglichen Angriffswinkel und jede
Ausweichposition.
Der andere Platz auf der Terrasse war „unmöglich"!
Ich hätte nicht nach hinten in die Verteidigung
gehen können, da warst du. Ich hätte nicht angreifen
können, da war die Kleine (Flavia). Mein Rücken war
ungedeckt am Durchgang und ich hätte auf Peters
Reaktion vertrauen müssen.
Ich fühlte mich ein wenig wie ein Hamster in einem
Versuchslabor.
Warum nahm ich diesen Platz nach der Wahl eurer
Tochter ein?
Ich möchte mich einlassen. Ich möchte vertrauen,
ich möchte glauben. Ich möchte es wenigstens
versuchen!

Ich:

Danke, dass du immer so offen bist und sagst, was
du denkst :)
Wir beten weiter für dich und deine Familie und
sind gespannt, wie das Abenteuer mit Gott bei dir
weitergeht :)
Peter ermunterte mich, dir die Vorträge von Prof.
Werner Gitt zu empfehlen. Er ist auch Wissenschaftler. Hier mal einer, der heißt: Jenseits von
Raum und Zeit.

Holger:

> Danke! Ja, das war mal eine hoch interessante
> Predigt! Erstaunlich neue Veranschaulichung. Da
> werde ich wohl eine Weile darüber grübeln müssen!

Zeit zum Grübeln und Nachdenken war eher rar, da die
Wohnungssuche immer noch auf Hochtouren lief.

Holger:

> Wir gehen jetzt zu einem Mietergespräch wegen
> einer Wohnung hier. Bin mal gespannt, was da
> rauskommt.
> Wir werden wohl nächste Woche einen Mietvertrag
> bekommen, aber noch haben wir nichts schriftlich.
> Also erst einmal abwarten. Zum Schluss zählt nur das
> geschriebene Wort!

Ich:

> Mutig vorwärts, Holger! Gott hat auch dein Leben
> im Griff!

Holger:

> Naja, im Moment fühlt es sich eher so an wie ein
> Würgegriff ...

Ich:

> Das kann ich mir gut vorstellen. Ich wünsche mir für
> dich und deine Familie auch, dass die Situation ganz
> anders wäre.
> Will dir mal kurz schildern, was für Gefühle ich im
> Moment habe, wie es mir geht.
> Gott schickte mich als Botschafter in dein Leben.

Weil ich glaube, dass Gott die Wahrheit sagt, versicherte ich dir, dass Gott dir helfen will und dass du Gott vertrauen sollst.

Und was passiert? Alles wird nur noch schlimmer. Für mich als Botschafter ist das eine große Zerreißprobe! Vertraue ich Gott? Egal, was passiert? Ist Gott gut? Liebt er dich, Holger?

Ja, Holger, ich bin trotz allem immer noch 100 % sicher, dass Gott das Beste mit dir und deiner Familie im Sinn hat, auch wenn wir noch nichts davon sehen. Es scheint uns, als würde der „Würgegriff" immer enger.

Gott ist Sieger und lebt!

# Fröhliche Weihnachten

Holger:

> Dir und deinen Lieben wünsche ich ein fröhliches und geruhsames Weihnachtsfest! Wir machen jetzt noch ein paar Vorbereitungen fertig und dann geht es zur ältesten Tochter. Da feiern wir dieses Jahr alle miteinander Weihnachten und übernachten dort.

Ich:

> Wünsche dir und der ganzen Familie auch ein frohes Weihnachtsfest und hoffe, dass du zwischendurch mal entspannen kannst. Schön, dass ihr es so machen könnt :)
> Wir feiern heute nur als Familie und morgen gehen wir zu Peters Schwester und ihrer Familie.

Holger:

> Danke :)

Ich:

> Lieber großer Bruder :)
> Da ich immer noch nicht weiß, was in den nächsten Tagen mit dir und deiner Familie passieren wird, gebe ich dir mal unsere Telefonnummern. Dürfen wir auch deine haben, dass wir dich notfalls erreichen könnten?
> Und pack deine Knarren schön brav weg, nicht dass du noch auf dumme Gedanken kommst! Wir möchten nicht unbedingt auf deine Beerdigung kommen.
> Mach es wie die Freunde von Daniel. Sie waren hohe Beamten im Reich von Nebukadnezar.

Der König ließ ein riesiges goldenes Standbild anfertigen und befahl allen, dieses anzubeten. Doch sie waren Juden und wollten dieses Götzenbild nicht anbeten, obwohl die Todesstrafe auf dieses Vergehen verhängt worden war. In aller Öffentlichkeit blieben sie stehen und wurden dann auch prompt abgeführt, um im Ofen verbrannt zu werden. Doch vorher gab ihnen der König nochmals eine Chance, dem Tod zu entgehen, indem er ihnen sagte, dass sie jetzt noch die Möglichkeit hätten, das Götzenbild anzubeten. Doch sie sagten ihm: *„Unser Gott, dem wir dienen, kann uns aus dem Feuer und aus deiner Gewalt retten. Aber wenn er es nicht tut, musst du wissen, o König, dass wir NIE deine Götter anbeten oder uns vor der goldenen Statue niederwerfen werden."*

Das, was diese drei Männer gemacht haben, ist die oberste Stufe von Glauben, die ich kenne. Sie vertrauten Gott, egal ob Rettung kommt oder nicht. Viele von uns Christen standen noch nie vor einer solchen Entscheidung. Du stehst jetzt vor dieser Entscheidung. Du bist noch „jung" im Glauben. Hast noch nicht so viel erlebt wie diese drei Freunde. *Was machst du?*

# Weihnachtswunder

Holger:

> Was ich machen werde?
> Den Mietvertrag unterschreiben, den ich gestern
> bekommen habe!
> Fröhliche Weihnachten!

Ich:

> Wow, echt cool! Das freut mich sehr für euch :), da
> hat euch Gott ein grandioses Weihnachtsgeschenk
> gemacht!
> Weißt du was? Die christliche Familie, die du im
> Gottesdienst getroffen hast, wohnt nur eine Minute
> Wegstrecke von euch!
> Könnt ihr nun bleiben bis ihr umzieht oder müsst
> ihr noch eine Zwischenlösung suchen?

Holger:

> Mit dem Mietvertrag ist die Räumungsklage vom
> Tisch. Am Montag reicht unser Anwalt die Kopie des
> Mietvertrages beim Amtsgericht ein. Dann löst sich
> das Verfahren in Luft auf! Wir bleiben also bis zum
> Umzug in der alten Wohnung. Wir dürfen bereits
> ab dem 1.2.2020 in die Wohnung zum Renovieren,
> Böden legen, Möbel und Kisten Stück für Stück
> hinbringen. Miete bezahlen wir aber erst ab März.

Ich:

> Großer Bruder, bist du dir bewusst, was hier wieder
> einmal passiert ist? Ein Wunder!
> Der Mietvertrag ist am letztmöglichen Tag der
> Postzustellung eingetroffen.

Die Wohnung ist sehr nahe und die Räumungsklage ist vom Tisch!
Gott ist einfach treu und kommt, wie schon ein paar Mal gesagt, nie zu spät :)

Holger:

Ich muss zugeben, diesmal bin ich schon ziemlich überrascht! Zumal ich am Samstag bereits vier weitere Zusagen erhalten hatte, die aber weiter weg und ziemlich teuer waren. Da hätte ich Gras essen müssen.
Der Vermieter der günstigsten und nahe liegenden Wohnung legte mir aber als Einziger rechtzeitig einen Mietvertrag vor! Am Samstag hätte ich noch einen Mietvertrag für eine Wohnung mit riesigem Keller und Garage habe können, aber nach der mündlichen Zusage dieser Wohnung hier lehnte ich ab und hoffte!
Dem Herrn sei Dank, dass sie Wort gehalten und einen Mietvertrag geschickt haben. Ich hätte mich sonst vor Ärger nicht mehr eingekriegt, wenn ich eine super Wohnung absage und die andere dann geplatzt wäre.
Die vom Samstag wäre viel besser für uns, wegen dem vielen Werkzeug von mir. Aber mit der hier kann man auch noch „leben". Was nützt das Dach über dem Kopf, wenn man sich die Butter auf dem Brot nicht mehr leisten kann?

Ich:

Was meinte deine Familie dazu?

Holger:

Meine Familie sagt nicht viel dazu. Ich betete um diese Wohnung und kommunizierte es ihnen auch.

Meine Familie freut sich über den glücklichen Zufall zu Weihnachten – das war's :)

Ich:

Solch eine Reaktion ist normal. Sie können ja nicht plötzlich zugeben, dass sie an einen Gott glauben :) Eine von meinen Beterinnen hat explizit für deinen Hund gebetet, dass er nicht ins Tierheim muss. Natürlich auch für euch alle :)

Holger:

Danke :)
Ja, es war noch nie ein Hund in dem Haus. Aber ich habe dem Vermieter beim Gespräch gleich von Anfang an gesagt, dass ich lieber auf der Straße schlafe als den Hund wieder in ein Tierheim zu sperren. Da sicherte er mir schriftlich zu, dass der Hund kein Ausschlusskriterium ist. Er war auch Bestandteil im Mietvertrag.

Ich:

Wäre noch froh, wenn du für meine Gesundheit beten könntest. Habe im Moment tüchtig Symptome von meiner chronischen Borreliose. Es tut alles weh, ich schlafe nicht deswegen und der Magen ist auch entzündet. Das macht das Leben und besonders das Arbeiten recht anstrengend und beschwerlich.
Danke :)

Holger:

Natürlich werde ich für dich beten!

**Ich:**

Schon bald muss ich arbeiten gehen, bis um
23.00 Uhr. Dann gehe ich noch kurz in die Kirche.
Muss doch schauen, dass du wieder einen Bibelvers
bekommst für das nächste Jahr :)

**Holger:**

Ein gutes, neues, gesundes und erfolgreiches Jahr
2020 wünsche ich!

**Ich:**

Danke :)
Hier noch der Bibelvers, den ich für dich gezogen
habe:
*Gnade sei mit dir und Friede von dem, der da ist und
der da war und der da kommt.*
*Oder: Ich wünsche euch Gnade und Frieden von
Gott, der immer da ist, der von Anfang an war und
der kommen wird.*
Er steht im letzten Buch der Bibel, in *Offenbarung*
*1,4.*
Du hast schöne Begleiter für dieses Jahr, nämlich
Gnade und Frieden :), und weißt du, worauf die
Christen sich am meisten freuen? Auf die Wieder-
kunft Jesu!
Wollte dir noch danken für deine Gebete :) Es geht
mir wieder viel besser!
Das „Weihnachtswunder" haben wir vielen Christen
erzählt. Es ermutigt sie sehr!

**Holger:**

Für mich war es so etwas wie ein Wunder :)

Ich:

> Soll ich dir mal aufzählen, wie viele Wunder du schon erlebt hast, seit wir uns kennen? Ich denke, du hast vieles schon vergessen.

Dann schickte ich Holger eine Liste mit allen Erlebnissen, die er mit Gott schon gemacht hat.

Es war für ihn wirklich erstaunlich, was alles geschehen war in den Jahren, in denen wir uns kennen. Doch nun wurde seine Aufmerksamkeit vom Umzug in Anspruch genommen und er besaß nicht die Zeit, oft zu schreiben.

Holger:

> Ab heute geht es hier rund. Versicherungen, Stromanbieter, Telekom anrufen. Muss jeden Tag ausmisten, Container bestellen, Garten und Garage räumen und vieles mehr.
> Neue Wohnung vermessen und schauen, welche Möbel ich mitnehmen kann. Wohnung für die Tochter suchen und deren Umzug organisieren. Am 20.1.2020 fange ich schon wieder an zu arbeiten. Das werden jetzt sieben bis acht knüppelharte Wochen!
> Verzeih also, wenn ich mich ein wenig zurückziehe.

Ich:

> Kein Problem, das verstehe ich gut :) Noch eine letzte Frage: Was wirst du arbeiten?

Holger:

> Ich werde wieder beim vorherigen Chef anfangen. Ob das wieder so „rund" läuft wie vorher wird sich zeigen müssen. Nach meinem Weggang ist das Verhältnis schon ein wenig getrübt. Aber wir wollen es noch einmal probieren.

Wir sind gerade beim Haus ausmisten. Am Samstag machen wir einen Garagenflohmarkt. Hab es in die Zeitung gesetzt. Hoffentlich spielt das Wetter mit^^

Ich:

Schade, dass wir so weit weg sind, sonst könnten wir zum Flohmarkt kommen.

Holger:

Wir haben viele feine Sachen: Bücher, Hefte, Werkzeuge, Spielzeuge, Haushaltgeräte, Inline Skates, Schlauchboot, Popcornmaschine, Motorräder und vieles mehr! Alles voll funktionstüchtig und oft ungebraucht.

Am Samstag standen Peter, Flavia und ich sehr früh auf und fuhren zu Holger zum Flohmarkt, so als kleine Überraschung :) Dort haben wir zum ersten Mal seine Frau getroffen und ein paar Worte mit ihr gewechselt. Sie wusste jedenfalls, wer wir sind :) Dann kauften wir noch verschiedene Dinge ein. Bevor wir losgefahren sind, bekam Holger noch einen Telefonanruf. Ein Vermieter sagte ihm, dass er die Garage bei ihm mieten kann. So war wieder etwas auf der To-do Liste von Holger abgehakt.

Wir mussten uns bald auf die Heimreise machen, da ich am Abend noch arbeiten musste :)

Die ganze Aktion war ein bisschen verrückt, doch sie hat trotzdem Spaß gemacht :)

Holger:

Ich habe mich riesig gefreut, dass ihr da wart! Ging mir nicht um den Verkauf, es war einfach eine Wahninnsüberraschung! Danke euch dreien!

Der Umzug von Holger ging schnell und reibungslos über die Bühne. Doch kurz danach hielt das Corona Virus seinen Einzug. Vieles veränderte sich. Es galt, sich immer wieder neuen Gegebenheiten anzupassen.

# Ende und Neuanfang von Holgers Geschichte

Holger:

In einer ganz besonderen Weise hast du mir all die nicht vorhandenen Psychologen und Therapeuten ersetzt. Dafür danke ich dir von ganzem Herzen!
In einer ungewohnten Weise öffnete Peter mir mit seiner offenen und lebensfrohen Art ebenfalls wieder eine leuchtende Tür in das Leben!
Und deshalb habe ich beschlossen, nicht mehr über meine Vergangenheit zu reden. Das tat ich auch früher nicht, aber seit Jahren öffnete ich mich bei euch. Das tat mir gut! Damit ist nun Schluss. Ich lebe jetzt ein anderes Leben. Das hast du mir gezeigt. Ich denke fast täglich an den Escape Room und unser Rätselabenteuer mit der kleinen Flavia (ist wohl nicht mehr so klein^^)
Das Leben geht weiter und ich verschwendete so viele Jahre. Dein Exposé fürs Buch werde ich noch mit dir überarbeiten, doch dann ist „Holger" Geschichte. Ich muss, werde und habe Frieden mit mir gefunden.
*In den letzten Wochen habe ich festgestellt, dass „loslassen" viel schwieriger sein kann, als „damit zu leben"!* Ich hoffe, dass Gott mir einen kleinen Weg zeigt. Ist er auch winzig und beschwerlich, ich scheue die Mühen nicht – höchstens die Angst vor dem eigenen Versagen.

Soweit die wahre Lebensgeschichte von meinem Co-Autor Holger. Indem er mir seine Geschichte anvertraute, schrieb er schlussendlich seine Biografie selbst auf.

Zum Schluss noch was zum Schmunzeln:

Ich:

> Vorhin habe ich gebetet, dass das riesige
> Tränenmeer in deinem Leben ersetzt wird durch
> ein Freudenmeer! Vielleicht denkst du, ich sei irre,
> das werde nie passieren. Doch Gott hat gesagt,
> wenn wir eng in Gemeinschaft mit ihm leben, dann
> können wir bitten, was wir wollen, und es wird
> geschehen. Umso Größeres wir von Gott erbitten
> und erwarten, desto Größeres erleben wir.
> Bist du dabei?
> Das Einzige, was du tun musst, ist das Geschenk
> annehmen, das vor deiner Nase baumelt...

Holger:

> Lol, das ist witzig! Vor meiner Nase baumelt ein
> klebriger langer Streifen Fliegenfänger, den ich
> gerade entfernt habe.^^

■ ■ ■

Peters Weg zum Gott-erleben rundet das Buch schön ab und gibt
zudem einen spannenden Ausblick in die Zukunft.

# Stunde der Wahrheit

Sommer 2019

Wenn wir Zeit miteinander verbringen wollen, machen Peter und ich oft einen Waldspaziergang. In der Sommerhitze genießen wir die Kühle, Stille, das Zwitschern der Vögel und die wunderbare Schöpfung.

Wieder einmal schlenderten wir in gemütlichem Tempo durch den Wald. Ein paar Tage zuvor legte mir Gott aufs Herz, etwas anzusprechen, das Peter gegenüber nicht korrekt war. Es lag mir wie ein Stein im Magen und ich bat Gott, mir zu helfen. Mitten im Gespräch kamen wir genau auf dieses Thema zu sprechen.

Peter war ganz perplex, denn auch er wollte das ansprechen.

So konnten wir schlussendlich ganz offen miteinander reden und einander unser Herz ausschütten. Endlich keine Geheimnisse mehr voreinander zu haben, war sehr entlastend. Für Peter war es der Startpunkt für ein ganz anderes „Unterwegs-sein" mit Gott.

Schon seit einigen Jahren beobachtete er, wie ich manchmal spezielle Dinge mit Gott erlebte. Manchmal konnte er es fast nicht glauben und dachte, dass das nicht funktionieren kann.

Wie zum Beispiel bei einem Waldspaziergang, den ich machen wollte, um Zeit mit Gott zu verbringen. Da fragte ich Gott, bevor ich losmarschierte, in welcher Ecke des Waldes ich meinen Spaziergang starten soll. Das, was mir zuerst in den Sinn kam, führte ich aus. Als ich in der Nähe des Waldes war, sah ich jemanden vor mir laufen. Irgendwie kam mir die Person bekannt vor. Sobald ich nähergekommen war, sah ich, dass es eine ältere Witwe war, die ich kannte. Ich ging zu ihr und fragte sie, ob wir gemeinsam spazieren gehen wollen. Sie war sehr dankbar für die Gesellschaft. Munter plaudernd genossen wir die Zeit zusammen. Zu Hause erzählte ich dann von diesem Erlebnis.

Andere Male bewunderte Peter mein Gottvertrauen und mein „vorwärts gehen" mit Gott. *Schon lange war es sein sehnlicher Wunsch, Gott auch so zu erleben.* Doch er hatte keinen blassen Schimmer, wie das funktioniert! Wie kann er erkennen, dass es Gottes Stimme ist? Er fragte sich auch, ob er mit seinem Verstand Gott im Weg steht. Oder ob er Probleme hat, Autoritäten anzuerkennen, und lieber seinen eigenen Weg geht. Oder ob es einfach naiv ist, wenn man Gott erlebt wie ich.

Vor meinem „Bindestricherlebnis" erlebten Peter und ich Gott auch. Doch nicht so oft und intensiv.

*Vom Kopf ins Herz:* Wir haben keine Ahnung, was bei Peter passiert ist, dass er Gottes Führung und sein Eingreifen plötzlich viel öfter erlebt. Wie schon am Anfang des Buches erwähnt wurde, ist es manchmal sehr schwierig zu erklären, was genau bei diesen kleinen Strichen zwischen den Gegensätzen passiert.

<br>

vorher – nachher
vor der Geburt – nach der Geburt
Ich verwirkliche meine Ideen – Gott entfaltet SEINE Pläne
Ich erlebe Gottes Eingreifen selten – Gott erleben ist spannend!

Bei diesem gemeinsamen Waldspaziergang wurde auch bei Peter ein „Licht angeknipst."

Die Beziehung zu Gott war nun für Peter nicht mehr nur eine Kopfsache, sondern wurde zur Herzenssache. Die ganze Beziehung zu Gott veränderte sich.

– Bibellesen, das für ihn bisher immer ein mühsamer
  Kampf war, entwickelte sich nun zum Bedürfnis.
  Er sog das Wort Gottes in sich auf. Während des
  Lastwagenfahrens ließ er sich die Bibel vorlesen
  und gewann so neue Erkenntnis.
– Beim Predigen dachte er vorher immer: Ich
  möchte auch so Gott erleben wie diese Person aus
  der Bibel – nun erlebt er, was er predigt.

- Das Gebet war für ihn vorher mehr oder weniger
  ein Muss, weil es dazugehörte als Christ – nun
  wurde es ihm ein Bedürfnis. Den Weg zur Arbeit
  geht er zu Fuß. So ist er wach und hat reichlich Zeit
  zum Beten. Ein Gebetsbuch wurde angefangen,
  welches sehr hilfreich ist!

Was ist das Geheimnis hinter dem „Gott-erleben"? Hier ein paar
Antworten von Peter:
- *Zeit mit Gott zu verbringen durch Bibellesen und
  Beten!*
- Wenn Gott einen Auftrag gibt, sollen wir Schritte
  in diese Richtung unternehmen. Wir sind auf dem
  richtigen „Pfad", wenn sich Türen öffnen und Gott
  immer wieder Bestätigungen schenkt. Das ist ein
  ganz wichtiger Punkt! Bis wir an diesem Punkt
  waren, dauerte es 40 Jahre.
- Es ist einfach Gottes Erbarmen, wenn wir im
  Glauben und Vertrauen wachsen.
- Wenn wir von Gott abhängig leben, entwickelt sich
  unser Vertrauen in ihn.
- Im Leid kann man Gott erleben. Wenn Gott der
  einzige Halt ist, der uns bleibt, kann das unseren
  Glauben und unser Vertrauen stärken.

Anfügen an alle diese Punkte möchte ich noch, dass es unseren
„Kopf" kostet, wenn wir Gott erleben möchten. Solange wir
unser Leben selbst bestimmen wollen, werden wir Gott selten
erleben.

Da mich das ganze Gott erleben weiterhin in Gedanken
beschäftigte, schrieb ich einer Kollegin aus unserer Kirche
eine E-Mail. Gott legte mir das aufs Herz. Es beinhaltete meine
Gedanken zu dem Thema und einige Erlebnisse. Als die Mail
bei ihr eintraf, verbrachten sie und ihr Mann Urlaub mit guten

Freunden. Das, was ich geschrieben hatte, war ihr Hauptge-
sprächsthema. Sie war ganz erstaunt, dass Gott mich geführt
hatte, ihr zu schreiben. Zudem war es passend für ihr eigenes
Erleben und ihre Anliegen für unsere Kirche. Wir ermutigten
einander, weiter für das Anliegen zu beten. Zusätzlich hofften
wir, dass Prediger unserer Kirche das Thema aufgreifen würden
und es durch die Predigt verbreitet werden könnte.

Da die Mail über unsere gemeinsame E-Mail-Adresse
reinkam, las Peter auch mit. *Es weckte in ihm den Wunsch, der
erste Prediger von dieser lebensverändernden Botschaft zu sein.*

Nun machen wir zeitlich einen kleinen „Hüpfer" ins
Jahr 2020. Nicht nur die Pandemie beschäftigten Peter und mich,
sondern Gott forderte uns persönlich heraus.

# Was verleiht Peter Flügel

Es ist schon interessant, was Statusmeldungen auf WhatsApp so alles auslösen können. Ein guter Kollege von uns hatte ein Filmchen hochgeladen, das zeigt, wie er als frischgebackener Privatpilot mit seinem Vater im Flugzeug abhob. Peter wurde ein bisschen neidisch, denn das wäre jahrelang auch sein Wunsch gewesen, welcher aber nie in Erfüllung gegangen ist. Mittlerweile hatte sich Peter damit abgefunden, dass aus diesem Wunschtraum wohl nie etwas werden wird.

Doch ich habe mich gefragt, warum Peter das nicht auch lernen könnte? Im Gebet bewegte ich dieses Anliegen vor Gott. Irgendwann gewann ich den Eindruck, dass Peter Helikopterpilot lernen sollte. Doch ich hatte keine Ahnung, wie ich ihm das beibringen sollte, denn das Ganze war relativ abstrakt. Darum erkundigte ich mich, wo man in der Nähe das Fliegen von Helikoptern lernen kann. Über unsere gemeinsame E-Mail-Adresse bestellte ich dann Unterlagen für diese Ausbildung. Nun wird Peter in Tagebuchform berichten, wie sich die ganze Geschichte weiterentwickelt hat:

Mittwoch, 19.2.20
Unerwartet erhalte ich eine E-Mail von den Mountainflyers in Belp mit Informationsunterlagen für die Ausbildung zum Helikopterpilot. Auf meine Frage sagt mir Renate, dass sie die Unterlagen bestellt habe, weil sie findet, ich sollte doch diese Ausbildung machen. Ich finde die Idee im ersten Moment absurd. Doch ich habe gelernt, Renates Hinweisen zu vertrauen, weil ich weiß, dass sie Gottes Stimme gut kennt und merkt, wenn Gott zu ihr spricht.

Donnerstag, 20.2.20
Langsam freunde ich mich mit dem Gedanken an. Ich informiere mich näher über die Ausbildung und vergleiche die Kosten

mit denen der Ausbildung bei Flächenflugzeugen. Schnell wird mir klar, dass diese Ausbildung massiv günstiger ist. Darum melde ich mich in einer nahgelegenen Flugschule für einen Schnupperflug an.

Am Nachmittag postet Livenet auf Instagram folgende Zeilen: *„Gott schafft in diesem Moment einen Weg für dich. Hab Vertrauen!"*

### Freitag, 21.2.20

Die heutige Tageslosung ist aus Matthäus 6,26: „Seht die Vögel unter dem Himmel an: Sie säen nicht, sie ernten nicht, sie sammeln nicht in die Scheunen; und euer himmlischer Vater ernährt sie doch. Seid ihr denn nicht viel kostbarer als sie". *Das dämpft meine Bedenken in finanzieller Hinsicht ein wenig.* Mir ist klar, sollte das wirklich Gottes Wille sein, wird er für uns sorgen. *Was könnte aber das Ziel dieses Weges sein?*

Für den kommenden Samstagmorgen erhielt ich einen Termin für den Schnupperflug.

### Samstag, 22.2.20

Der Schnupperflug mit dem Flächenflugzeug verlief sehr gut. Doch während des Tages kommt mir der Gedanke, ob ich nicht vielleicht doch die Ausbildung zum Helikopterpiloten anfangen sollte? Doch ich verwerfe den Gedanken sofort wieder. Das wäre finanziell nicht tragbar. Folgende Gedanken beschäftigen mich:

– Ich würde mich freuen, mir diesen Jugendtraum zu erfüllen und Pilot zu werden, doch ich könnte auch ganz gut ohne leben.
– Ein solches Engagement würde die ganze Familie betreffen und erforderte meines Erachtens ihre Einwilligung, die ich von den Kindern bei einem späteren Gespräch auch erhalte.
– Die theoretische Ausbildung würde zu einer großen Herausforderung für mich werden. Nicht zuletzt auch aus zeitlichen Gründen.

Am Abend postet Tabea Oppliger, Autorin des Buches „#NoFilter", folgenden Spruch: „You will never have the need to over-explain yourself again when you believe in what you do and why you do it and when you know whose you are" (Du musst das, was du tust nicht immer wieder erklären, wenn du überzeugt bist von dem, was du tust, warum du es tust und wenn du weißt, zu wem du gehörst).

Sonntag, 23.2.20
Nach dem Gottesdienst tausche ich mich mit Renate aus. Sie offenbart unter anderem plötzlich, sie denke immer noch, dass Helikopterfliegen das wäre, was Gott von mir möchte. Ich erwidere, dass ich interessanterweise gestern auch darüber nachgedacht habe. Da sagte sie mir, dass sie Gott gebeten habe, mir das selbst zu zeigen. Für mich nimmt die Geschichte so eine ganz neue Wendung. Mir kommt die Geschichte von David und Goliath aus der Bibel in den Sinn. Die Ausbildung zum Flugzeugpiloten hätten wir aus eigenen finanziellen Möglichkeiten geschafft. *Die Helikopter-Privatpilotenlizenz oder vielleicht später sogar die Berufspilotenlizenz sieht dann schon mehr nach einem Goliath aus und würde Gottes Eingreifen erfordern.* Wir diskutieren am Mittagstisch mit den Kindern darüber. Am Nachmittag besuche ich Esthi (meine Schwester) im Inselspital, weil sie mit Leo, ihrem erkrankten Sohn, dort ist. Ich bin froh, mich mit jemandem darüber auszutauschen, und erzähle ihr die ganze Geschichte. Renate und ich finden, dass wir sie und Martin (ihren Mann) für geistliche Unterstützung mit ins Boot holen sollten.

Montag, 24.2.20
Ich denke noch mal über David und Goliath nach. David machte im Vorfeld des Kampfes gegen Goliath Erlebnisse mit Bären und Löwen und festigte so sein Vertrauen in Gott. Die Führung bei Renate mit dem Schießklub oder bei der 80 % Arbeitsstelle, die sie auf direkte Anweisung Gottes angegangen ist, sind für mich solche Erlebnisse.

Ich frage mich, ob Gott mich tatsächlich plötzlich doch noch im Einsatz bei der Helimission oder ähnlichen Organisationen haben möchte. Eine verrückte Idee finde ich. Mit 45 Jahren ein solches Ziel? Doch war Ernst Tanner (Gründer der Helimission) nicht auch ungefähr so alt, als er die Helimission gründete? Ist das nicht sogar ein ideales Alter?

Als Achtzehnjähriger besuchte ich mit meiner Familie einen Vortrag der Helimission. Ich hatte das Gefühl, dass ich als Pilot in die Helimission gehen sollte. Darum ging ich nach dem Vortrag nach vorne zu Ernst Tanner. Wir sprachen kurz zusammen und dann betete er mit mir. Doch ich verfolgte dieses Ziel nicht weiter und mit den Jahren verlief sich alles im Sand. (Renate wusste nichts von diesem Erlebnis, bis ich es ihr im Verlauf dieser Helikopter-Geschichte erzählte).

Mein Fazit: Als erstes mal einen Schnupperflug mit dem Helikopter organisieren. Auf Gottes Zeichen warten und einfach Schritt für Schritt vorwärtsgehen und schauen, wie Gott führt.

Samstag, 7.3.20

Da ich einen Kollegen kenne, der auch die Ausbildung zum Helikopterpiloten durchläuft, besuche ich ihn und treffe bei dieser Gelegenheit den Fluglehrer, der den Schnupperflug durchführen wird.

Dienstag, 10.3.20

Gott schenkt mir mit dem Tagesvers aus Jeremia 31.9 neue Zuversicht: „Ich will sie zu Wasserbächen führen auf einem ebenen Weg, auf dem sie nicht straucheln werden."

Mittwoch, 11.3.20

Nach einem ausführlichen Gespräch über den Ablauf einer Ausbildung zum Privatpiloten findet der Schnupperflug im R22 (dem kleinsten und günstigsten Helikopter der Flotte) statt. Der Fluglehrer lässt mich so viel wie möglich selbst machen. Nach einer guten halben Stunde fliegen wir zurück. Mein Eindruck:

Auch wenn es noch viel zu lernen gibt, habe ich nicht unbedingt zwei linke Hände zum Helikopterfliegen. Der Fluglehrer bestätigt das auch. Für mich ist klar, der Gedanke die PPL (Privatpilotenlizenz) für Flächenflugzeuge in Angriff zu nehmen, ist in weite Ferne gerückt. Helikopter fliegen ist das, was ich möchte.

In den folgenden Tagen beschäftigt mich der Gedanke sehr, wirklich Gottes Willen zu erkennen.

Dienstag, 17.3.20

Die Corona-Krise hält Einzug. Eine passende Zeit, um sich auf ein Studium zu konzentrieren. Idealerweise ist es möglich, das gesamte Studium online von zu Hause aus zu absolvieren. Ich bestelle den Ausbildungsvertrag für den theoretischen Teil der Ausbildung sowie die Rechnung dazu, welche ich am gleichen Tag erhalte. Kosten: über Fr. 3'600.00. Das Geld wäre als Rückstellungen auf dem Sparkonto vorhanden. Aber sollte es wirklich sein?

Samstag, 21.3.20

Ungeduldig warte ich auf eine Antwort von Gott. Etwas frustriert sage ich zu Gott: „Sag mir doch einfach Ja oder Nein" In diesem Moment erhalte ich eine Push-up Nachricht von meiner Bibel-App. Sie ermutigt mich, nicht Angst zu haben, sondern einfach zu glauben.

Die weiteren Ausführungen dazu waren eine ganz klare Antwort von Gott, die Ausbildung zum Helikopterpiloten anzufangen. Plötzlich erfüllten mich Frieden und die Gewissheit, jetzt loszulegen. Also druckte ich den Vertrag aus, unterschrieb ihn und bezahlte die Rechnung.

Hierdurch wurde ein Stein losgetreten, der langsam aber stetig ins Rollen kam. Wo uns das alles hinführen wird, wissen wir nicht. Doch wir wissen, dass Gottes Pläne perfekt sind!

■ ■ ■

Hier gestatten wir Ihnen einen tiefen Einblick in unsere Sonnenscheintage und Kämpfe sowie einen tiefen Blick in unsere Gefühls- und Gedankenwelt. Ja, wenn GOTT seine Pläne in und durch uns entfaltet, folgen Erlebnisse, die wir nie für möglich gehalten hätten. Dadurch verändert sich unser Denken und Handeln und mit der Zeit werden wir immer kühner.

Das Buch soll in Ihnen eine unstillbare Sehnsucht entfachen, die Sie nicht ruhen lässt, bis Sie auch so eine enge Gottesbeziehung besitzen und pflegen.

Denn Gott schuf nicht ein paar „Superchristen", mit denen er ganz eng in Kontakt steht und denen er spezielle und großartige Erlebnisse schenkt. Diese enge Beziehung und die damit verbundenen Erfahrungen mit Gott sind für jedermann! Christen und auch Nichtchristen können sich auf die Suche begeben. Gott ist treu! Er wird sich von Ihnen finden lassen. Er wird zu Ihnen „sprechen", und zwar so, dass sie es verstehen. Geben Sie dieser Suche nach einer engen Beziehung mit Gott die oberste Priorität und geben Sie nicht auf, egal wie lange es dauert.

Diese Beziehung zu Gott ist nicht einengend und freiheitsberaubend, sondern atemberaubend und absolut genial.

In diesem ganzen Prozess der Beziehungspflege mit Gott ist es wichtig, dass nicht plötzlich die Erlebnisse im Mittelpunkt stehen. Wenn unser Wohlbefinden und Leben als Christ von den Gefühlen abhängig ist, die spannende Erlebnisse mit Gott auslösen, drängen wir Gott an den Rand. Doch Gott will der Mittelpunkt meines Lebens sein!

Wenn Gott wirklich das Wichtigste in meinem Leben ist, hat das Folgen! Dann akzeptiere ich ihn als meinen obersten Chef, höre ihm aufmerksam zu und gebe mich ihm bedingungslos hin. Michele Rigby Assad fasst das in ihrem Buch, „Unter dem Radar Gottes", folgendermaßen zusammen:

– Gott braucht normale Leute, die bereit sind zu
  Dingen, die andere nicht tun wollen.

- Die die zweite Meile gehen, auch wenn es sie persönlich etwas kostet.
- Die durchhalten, auch wenn sie erschöpft sind und alle anderen schon aufgegeben haben.
- Die dem Schmerz ins Auge sehen und trotzdem weitermachen.
- Die bereit sind, so lange mit einem Problem zu ringen, bis es gelöst ist.
- Leute, die sich auch durch Versagen und Zurückweisung weiterentwickeln.

*Gott sucht Männer und Frauen,*
*deren Glaube größer ist als ihre Angst.*

Diese Worte von Michele Rigby Assad inspirieren mich, spornen mich an und fordern mich heraus.

Mein Gebet ist, dass viele Leser von diesem Virus angesteckt werden und es sich wie ein Lauffeuer verbreitet. Möge der Glaube an den allmächtigen, liebenden Gott und Vater Ihre Angst besiegen! Denken Sie immer daran, dass nicht Sie die Welt retten müssen! Gott ist der Auftraggeber und der Verantwortliche!

# Danke ◉

Ohne den Gott der Bibel wäre dieses Buch nie entstanden. Er war der Handelnde, der Führende und der „Regisseur" in unseren Leben. Danke Gott für deine Souveränität und Hilfe in jeder Situation.

„Holger", danke dass du deine Lebensgeschichte den Lesern und mir anvertraut hast. Deine Worte als Co-Autor bereichern das Buch. Es war uns eine Ehre deine Familie und Freunde kennenzulernen. Wir haben sie alle fest in unser Herz geschlossen!

Ein Buch zu schreiben, hat seine Tücken, besonders wenn man keine Ahnung davon hat. Susanne Müller, dein unermüdlicher Einsatz, deine Geduld mit meinen „unbeholfenen Schritten" am Start des Buchprojekts, deine wertvollen Tipps und deine Korrektur der Rechtschreibung waren einfach spitze! Herzlichen Dank dafür!

Gebete, die immer wieder zum Himmel aufgestiegen sind, waren im Buch ausschlaggebend für tiefgreifende Veränderungen. Torsten Kugler, danke für alle deine Gebete und für die vorgeschlagenen Änderungen beim Durchlesen des Buches.

Vom Manuskript zum Buch benötigte es noch viele Schritte. Wilhelm Schneider schloss das Lektorat in kürzester Zeit sehr kompetent ab. Der Setzer Niko Neufeld integrierte auf professionelle Art die eher unkonventionellen Wünsche der Autorin, sodass ein stilvolles passendes Gesamtbild entstand. Die Umschlaggestaltung entspricht einer Idee, die ich vor langer Zeit hatte und dann wieder vergaß. Ohne es zu wissen, setzte der Designer Olaf Johannson genau diese Gestaltungsidee um, als modernes, ansprechendes Cover. Der Verleger, David Neufeld, koordinierte mit viel Fachwissen all diese Schritte, passte sich dem rasanten Tempo der Entwicklung dieses Projekts an und stellte sicher, dass ein ansprechendes Buch entstand. Die Edition

Wortschatz ist mein Geheimtipp an alle, die noch ein Manuskript zu Hause haben, das zu einem Buch werden sollte. ● Herzlichen Dank euch allen für die großartige Arbeit, die ihr macht!

„Bitte nicht stören! Mami ist im Büro am Schreiben." Eine Familie zu haben, die einem den Rücken freihält und das Buchprojekt unterstützt, ist sehr wertvoll. Pesche, Silvan, Adrian und Flavia, ich liebe und schätze euch alle von ganzem Herzen! Pesche. Danke, dass du in schwierigen und schönen Zeiten mir zur Seite gestanden bist! Du hast dich zu einem Mann entwickelt, der eine enge Beziehung mit Gott hat, der sich traut, schwierige Themen anzusprechen und der bei schwierigen Fragen biblisch fundierte Antworten sucht. Auf der Strasse oder neu auch in der Luft erfreust du deine Mitmenschen und bescherst ihnen unvergessliche Erlebnisse!

Ist das nun das Ende? Ja, das Ende des Buches. Doch ich hoffe und bete, dass das Geschriebene einen Neuanfang oder eine Vertiefung in Ihrer Beziehung zu Gott bewirkt!